ISBN: 978-0-244-50923-1
Copyright di Antonio Pellegrino 2019
Prima Edizione 11 Agosto 2019

Antonio Pellegrino

Le mie Nuove Prefazioni

Silloge Saggistica

Lulu Editrice

Premessa dell'Autore

Considero questo mio lavoro una parte seconda della mia precedente pubblicazione dal titolo Le Mie Prefazioni. Non ritengo, dunque, necessario modificarne la premessa, che qui, se si escludono brevi note nuove come questa, non essendo mutato in nulla e per nulla l'atteggiamento dei grandi editori nei confronti degli scrittori e dei poeti esordienti o emersi, che continuano a pagare la pubblicazione delle loro opere, a beneficio di editori-tipografi, per rendere visibili, in qualche modo, romanzi, sillogi poetiche e narrative, saggi brevi o lunghi, spesso, davvero pregevoli. In questa parte seconda vengono riportate tutte le mie precedenti prefazioni con l'aggiunta di tre nuove, recentissime, relative a due romanzi e a un silloge poetica di Lin Schiavo Pontalto, scrittrice e poetessa di spessore tutto da scoprire.

Mi è capitato, spesso, nel corso della mia lunga carriera di docente e di scrittore, di avere dovuto rispondere, in un senso o nell'altro, alla richiesta[1] di una mia prefazione ad opere letterarie e saggistiche che

---

[1] Scrittori, poeti e saggisti che avevano avuto modo di leggere, forse, qualcuna o alcune delle mie pubblicazioni, o pubblicazioni di altri autori riportanti una mia prefazione o postfazione.

mi veniva rivolta un po' da ogni parte della nostra splendida penisola, ricca di storia, di cultura, di arte, di pregevoli risorse naturali e urbanistiche, di persone, a volte, grazie a Dio, speciali e talentuose, diverse nello spirito.

Non sempre, tuttavia, mi sono reso disponibile, un po' per mia personale pigrizia, per un altro po' per il poco patos che alcuni testi pervenutimi, attraverso il tempo, dettavano al mio spirito, e a quest'ultimo io sono rimasto sempre religiosamente prono, docile e ubbidiente alle sue esigenze. Se una cosa non la sento, sin dal profondo, il profondo nulla mi suggerisce in pensieri e in parole, specie, poi, se è il mio stesso pensiero che deve tradurre in dati di senso il pensiero altrui. In sostanza, quando non avverto empatia in un rapporto ciò che tocco intorno è il vuoto, è l'impalpabile, è l'assenza di relazionalità, è la difficoltà meditante, è l'inerzia stessa dei sensi.

Analizzare un'opera, radiografarla, destrutturarla e ristrutturarla, scinderla nelle sue parti, e, poi, ricomporla, è già di per sé un lavoro immane che richiede non solo lettura del testo ma anche studio e ricerca; se, poi, l'opera stessa non la si avverte con il dovuto amore – presupposto di una mordente passione per quello che si va a fare – tutto diventa più complesso e quello che ne verrebbe fuori risulterebbe falso, lesivo di reali corrispondenze scientifiche, o – se si preferisce dire così – privo di una visione oggettiva.

Sono state rare, pertanto, le volte in cui mi sono reso disponibile, e sono state quelle in cui i testi che mi avevano raggiunto, mi parlavano all'impatto, esprimevano il loro stesso cuore, dialogavano con me, me li sentivo vicino e dentro, ne avvertivo il sibilo del respiro, ne gustavo le parole, lo scorrere melodioso del pensiero, l'andamento ritmico della frase o dei versi, l'assenza di meccanismi espressivi e figure retoriche artificiosi, la semplicità e la limpidezza dei sentimenti che sottintendevano al tutto. In tali casi il mio percorso nel testo procedeva gioioso, libero, quasi fossi in balia di uno spirito alato che guidava i miei passi verso cieli profondi.

Di alcune delle mie tante prefazioni, vale a dire di quelle contenute in questo libello, il lettore avrà modo di venire a conoscenza e potrà farsene un giudizio suo; altre non sono contemplate in questo contesto e dovrebbero far parte, poi, di un successivo volume, un terzo volume, per il quale mi sto già attivando.

Le prefazioni da me stilate, come si potrà evincere percorrendo il presente lavoro, non sono mai relative a opere in versi o in prosa di scrittori o di scrittrici famosi, né di poeti noti alla cronaca stampata e mediatica in genere, ma di autori speciali, come li ritengo io, poiché da loro ho potuto attingere energie e genuini stimoli. Si veda, a solo titolo di esempio, il brevissimo, direi scheletrico, testo teatrale di Luca De Crescenzo[2] il cui contenuto parte dalle viscere

---

[2] Un sannita di Telese Terme (BN).

stesse del cuore ove ardono i ricordi più profondi
tanto da confondersi con i sogni a volte a occhi aperti, altre volte ancora a occhi svegli. Impossibile, poi,
non rimanere incantati per i versi di alto contenuto
lirico di Maria Rosaria Franco[3], di Paola De Rosa[4] e
di Dante Iagrossi[5]. Essi, in modi diversi, poeti lo sono nel senso pieno della parola, lo sono nell'anima e
nella mente, lo sono in tutto se stessi. I racconti di
Lin Schiavo Pontalto[6], hanno il sapore e l'odore intensi di una Sicilia arcaica, verghiana oserei dire, essi
sono narrati con uno stile linguistico unico, le parole
risultano scavate dal cuore stesso delle persone e delle cose, ne sono consustanziate. Che dire, infine, della raffinata destrezza nel certosino lavoro di ricerca
di Vittorio Barbieri[7] e di Pasquale Maturi[8] nei loro
brevi ma intensi saggi storici. Del Maturi, inoltre, di
grande spessore sono le liriche di "Percorso di vita"
ove uomo e natura risultano essere assimilati in un
unico destino di nascita, di morte e di rinascita nel
ciclo perenne della materia universale, madre e pa-
drona assoluta della destinazione di ogni cosa.

Non sempre, dunque, quanto dall'editoria ufficiale
viene sfornato appartiene all'ordine migliore delle
cose, spesso essa, se non sempre – pilotata dalle lo-
giche di mercato e dai bisogni di consumo di massa –

---

[3] Poetessa e scrittrice sannita di Telese Terme (BN).
[4] Poetessa di Formia (LT).
[5] Poeta di Caiazzo (CE).
[6] Scrittrice e poetessa palermitana.
[7] Poeta e saggista di Amorosi (BN).
[8] Poeta e storico di Amorosi (BN).

appare cieca verso quanto nel mondo della poesia e della narrativa, oltre i soliti confini, di meglio esiste, e mi riferisco a quel mondo sommerso, senza angeli protettori, di scrittori, di poeti e di saggisti esordienti, o che almeno esordienti aspirano a essere.

L'editore di grido ha occhi per la gente importante, per i visibili, specie se provenienti questi ultimi dal mondo della televisione, della politica, dell'economia, del giornalismo, dello sport e dello spettacolo in genere, vale a dire se provenienti dal gran bazar dei talk show, che più che luogo del pensiero e della parola sembrano essere diventati il luogo dell'invadente esposizione e della pubblicità occulta o palese. Insomma, l'editore guarda ai volti resi noti – e non sempre per la loro reale qualità – dai mass media, web compreso.

Io, al contrario, traggo interesse, che si traduce in inspirazione, dagli sconosciuti di razza, dagli sconosciuti di qualità, proprio da quegli invisibili, dagli ignorati sia dall'editoria ufficiale che dalla critica, che, spesso e volentieri saccenti e maldestre, conformiste e opportuniste all'eccesso, lo sono.

Antonio Pellegrino

9

Prefazione al Saggio storico

di

Pasquale Maturi, Appunti di Storia Amorosina,
LC Stampa, Telese Terme, 2002

Ho accettato con grande piacere l'invito del prof. Pasquale Maturi per dire qualcosa sui suoi *"Appunti di storia amorosina"*. Li ho letti con grande curiosità, anche se ne conoscevo i frammenti da vecchia data, come tanti altri Amorosini. Essi tracciano, con rapidità di stile e di contenuti, le linee fondamentali di cose che solo una persona esperta ed appassionata della nostra storia poteva fare. Il breve opuscolo può assurgere, in attesa di una pubblicazione sistematica, ad una funzione di guida per il turista frettoloso, ma può anche diventare un valido stimolo didattico per gli alunni delle nostre scuole, che hanno la possibilità di attingervi quanto è utile per potersi fare un'idea più chiara della storia del loro paese. Il prof. Maturi è, senza ombra di dubbio, il più autentico e profondo conoscitore della storia delle nostre radici. Erano gli anni sessanta, eravamo dei giovani studenti universitari e l'Autore del presente fascicoletto già poneva i primi basamenti di una ricerca storiografica, cominciando a spulciare, per esempio, nei libri dei battesimi, messi a disposizione da don Vincenzo Graziano Tebano, arciprete della Parrocchia di San Michele Arcangelo in Amorosi.

Da allora l'opera paziente di attento tessitore, di meticoloso ricercatore, di competente traduttore ed interprete (si ricordano i suoi incontri a Salerno con A. Zazo) ha consentito al Maturi di fare maturare lentamente nella sua coscienza e in quella di ognuno di noi la consapevolezza più precisa delle proprie origini. Da ricordare il contributo notevole che egli ha fornito sul piano del dibattito culturale, tramite l'impegno attento profuso, in veste di amministratore, nel corso dei primi anni ottanta, nella Biblioteca Comunale, diventata, per l'occasione, un vero e proprio cenacolo di incontri, di studio, di ricerca e di animazione sociale. Egli, infatti, nell'attesa di produrre un' opera più attenta e sistematica, più organica sul piano della documentazione complessiva, non rinunciava, nel tempo, al compito di mettere al corrente la comunità dei suoi continui avanzamenti nella ricerca, anche di quelli più piccoli ma significativi, tramite la pubblicazione di articoli, relazioni, conferenze, ciclostilati, dattiloscritti - anche relativi a paesi viciniori come Alvignanello, Castel Campagnano e Melizzano - che sono diventati patrimonio di ogni Amorosino e comunque di coloro che erano attenti ai suoi studi o che ne rimanevano perlomeno incuriositi. Abbiamo potuto così conoscere dettagli di eventi, prima molto vaghi, relativamente al nostro paese, ai suoi primi insediamenti umani, ai primi statuti, alle truppe e ai carabinieri, alle presenze emblematiche, al pubblico orologio della Chiesa di San Michele Arcangelo, alle campane delle medesima Chiesa, alla Chiesa stessa, ai Palazzi, considerati storici del paese, Piscitelli, Maturi, Chianese, Giaquinto, all'antico sigillo del Comune. Molte citazioni del Maturi, nel frattempo, sono già state fatte in loro opere da studiosi e da scrittori, come Padre

Valentino Orefice, che si è spesso richiamato ad idee e scritti dell'Autore.
Ma, si consideri, la storia di Amorosi era avvolta in una foschia densissima, prima che il professore Pasquale Maturi cominciasse a preoccuparsi di mettere meglio a fuoco l'identità del territorio, ricercandone le più recondite radici, rimaste mimetizzate, per troppo tempo, nel contesto degli eventi complessivi legati all'antica Telesia.

Ora è una vera soddisfazione per me, suo amico ed estimatore da sempre, potere annunciare, dopo questo primo quaderno, la prossima pubblicazione di altri due volumi da ritenere fondamentali dello stesso Autore *"Amorosi: vita religiosa e luoghi di culto"* e *"Amorosi nella tradizione e nella storia"*.

Antonio Pellegrino

Prefazione al Saggio storico

di

Vittorio Barbieri, La questione Sociale in Madre Brando,
Ausiliatrix Arti Grafiche, Benevento, 2005

Vittorio Barbieri, giornalista da sempre, è corrispondente del quotidiano Il Mattino nonché collaboratore del quindicinale di informazione e di discussione Realtà Sannita.

Nei suoi scritti egli rievoca eventi e scandisce i ritmi della memoria della quotidianità, di quella parte del vivere che non sempre trova posto negli archivi della storia e delle biblioteche, strumenti, forse a torto, considerati fonti uniche e insostituibili per il sapere delle presenti e delle future generazioni.

Anche questo saggio riflette la sensibilità giornalistica dell'Autore. I diversi segmenti espressivi, infatti, si articolano paralleli agli eventi, proprio mentre questi vanno emergendo come oggetti viventi, riesumati dalle loro interne dinamiche, ricondotti fuori dalle cavità esistenziali di cui essi stessi sono parte: così i riflessi della storia richiamano gli ampi scenari dell'Italia post-risorgimentale unitamente alle relative problematiche politico-sociali e fra queste dominante la questione meridionale.

La vita di Maria Cristina Brando, liberata dalle condizioni della santità intesa come pura fatalità, come predestinazione assoluta, come evento miracolistico o dovuto solamente ai meriti della sua chiesa domestica, emerge nella pienezza della sua natura umana: Ella è donna, prima ancora che beata, vive laicamente nella storia prima ancora che nei cieli, soffre le sofferenze umane, partecipa alle gioie e alle delusioni veicolate dagli eventi, interpreta le fondamentali esigenze sociali, intuisce l'incombere dello Stato laico, combatte i pregiudizi sempre in agguato, avverte il grido disperato che viene dal mondo femminile ancora subalterno a quello maschile, è sensibile al bisogno di una scuola concepita come comunità educante, come tempo pieno, come luogo dell'iniziazione al linguaggio oltre che alla formazione umana e cristiana della persona in età evolutiva, si veste di spirito profetico verso gli ulteriori sviluppi del cammino sociale nella storia dell'uomo, lasciando un prezioso messaggio di speranza, ma anche di attenta visione critica delle cose.

Nello scritto del Barbieri la parola si veste di semplicità comunicativa mentre incontra gli eventi reali, dei quali traduce i concetti con stile immediato e ne trasferisce il senso al lettore, rinunciando a qualsiasi orpello e a particolari bardature espressive.

Antonio Pellegrino

Prefazione alla Silloge poetica

di

Luca De Crescenzo, Poesie e prose,
Media Press Puglianello (BN), 2012

La disposizione naturale, spontanea, alla scrittura di Luca De Crescenzo trova il suo alloggiamento in una serie di formule espressive riassumibili nei generi lirico e narrativo. Ma vediamo come egli appare nei suoi diversi modi di comunicare:

Il Luca lirico in lingua italiana:

Una vita che nasce, / una vita che muore / al sorgere del sole / e al calar della notte. / Una stella che brilla, / una stella che cade / nell'etereo spazio dell'infinito.

Il Luca lirico in vernacolo:

L'ammor' che sent' p' te nun' è comm' / na rosa che s' appassisc' u juorn' dopp'. / Nun' è comm' n' oggett' che va ripost'/ dint' a nu cassett'. / Nun' è comm' a nu ciucculattin' / che s' scioglie dint' a nu mument'. / L'ammor' che sent' dint' o cor' p' te / nun' è sul' pe' nu juorn'.

Il Luca narrante in lingua nazionale:

Il sole fa già capolino tra le fessure delle persiane e fuori s'ode già il cinguettio festoso degli uccelli. [...] Attraverso i vetri della finestra vedo piccoli banchi di nebbia che incominciano già a dissolversi.

Il Luca narrante in vernacolo:

Che bell'invenzion' o rilogg'. N' coppe a stu munn' acussì frenetic' c' mancav' pur' iss' p' c' fa correre d' a matin' a ser' e farc ferni e stressà.

L'atteggiamento quasi istintivo verso la scrittura non esclude il valore intrinseco della comunicazione arti-stica anzi la avvalora di espressioni e di contenuti vi-cini quanto mai all'anima di chi scrive, lontani da qualsiasi ricorso a forme di filtraggio o di censura da parte della ragione. Appaiono così attraverso lo scorrere dei righi i riflessi interiori di sentimenti ed emozioni di assoluta veridicità, onirici quasi.

Luca scrive per dettatura automatica della propria in-teriorità: lo scrivere diventa per lui una via di libe-razione dalle convenzioni e dalle convenienze sociali consolidate nella cultura dominante. Egli scrive quando pezzetti di deserto si materializzano nello spazio riservato alla sua solitudine, quando nascono le occasioni, rare per chiunque di noi, di potere contattare il proprio "tu", l'altra parte del nostro "io", nascosta nel "centro" di noi stessi. Invitato, a volte, dai fogli di un quaderno, lì posato, quasi per caso, sulla scrivania, e di una penna ansimante, parla con se stesso, scopre e scrive di quanto trova:

Appoggiato su di una bella scrivania sta un quaderno pregiato, avente al suo interno fogli di carta pergamena. Spavaldo e impettito fa bella mostra di sé. La penna, un poco più distante dice: "Aspetta, bello mio, appena viene il momento, ti salto addosso e mi diverto a sguazzare fra le tue righe [...] Ci sono penne e penne, ma tu proprio non sei fatta per me, sei troppo materiale, sei rozza. Qui ci vuole una penna nobile e gentile che, quando si avvicina, mi deve rispettare, il suo tocco deve essere una carezza che mi sfiora sulle righe senza sporcarle.

Le parole, che esprimono la sua anima, di qualsiasi genere si vestano, scivolano come in pagine di un diario, un diario in cui il tempo esterno e gli eventi della storia non esistono più, il confronto che rimane è quello con l'eterno tempo dell'anima: è il balzo profondo nelle parti recondite di se stesso, quelle che contengono il centro della dimensione vera di ciascuno, quindi anche di Luca.

Non è un cammino semplice quello che si inizia quando si lavora su se stessi, ma il risultato è quello che conduce ad una approssimazione, sempre più visibile, alla conoscenza. Quando ci si confronta con il tu interiore, è l'altare della solitudine salvifica che ci si pone davanti, è il tempo dell'anima, è la sorgente presso la quale si lavano le falsità acquisite nella vita quotidiana, nel tempo ordinario. E, nel centro dell'io vero, in quell'angolo recondito rispetto alla vita reale, è pronto per essere colto anche il dono della fede, che è lì in attesa di noi, in attesa che se ne prenda interamente coscienza.

Sul piano tematico i motivi scatenanti dello scrivere di Luca De Crescenzo sono da rintracciare: nella famiglia, nell'essere marito e padre; nella grave e rapida caduta di valori fondamentali del nostro tempo; nel desiderio sincero della fede. Egli si guarda intorno, qualche volta, e vede le immagini della morte che il nostro tempo produce, immagini che rappresentano, in una visione quanto mai drammatica, la crisi sistematica del mondo contemporaneo:

E mo' addò vai chiù, mia cara Napoli, mi sembri un paesaggio lunare, se veren' sule muntagn' e munnezz', s' respir' sul' aria malsana, può camminà miez' a via sul' cu a maschera, addò sta cchiù addor' du mare, da pizz, di sfugliatell'.

Il vernacolo utilizzato dal De Crescenzo, sia nei componimenti in verso che in prosa, è quello della lingua materna, identificabile nel dialetto telesino, contaminato, di qua e di là, da riflessi del napoletano classico. L'Autore non si pone come punto di riferimento, nella trascrizione esatta delle parole, un dizionario, ma la sua stessa attenzione al suono che si traduce, ogni volta, nelle corrispondenti forme grafiche. Segni di troncamento frequenti annunciano al lettore di suoni vocalici anche all'interno delle singole parole, oltre che nel loro inizio e nella loro conclusione.

Voglio, infine, ricordare agli eventuali lettori che i titoli delle singole sezioni, di cui il libro si compone, sono accompagnati da opere figurative di Concetta Festa, moglie di Luca.

Antonio Pellegrino

Prefazione alla Silloge poetica

di

Pasquale Maturi, Percorso di Vita,
Grafica e Stampa Soluzioni sas, Amorosi (BN), 2013

Il professore Pasquale Maturi – già noto ai più quale storico finissimo delle vicende della Valle Telesina e di Amorosi in particolare – esordisce con «*Percorso di vita*» nelle vesti di poeta. La poesia, in effetti, per chi lo ha conosciuto negli aspetti quotidiani del suo esistere, è sempre stata la sua seconda pelle, una sua intima aspirazione. Il suo anelito evocativo, d'altra parte, aleggia anche nelle sue ricerche storiografiche contenute nelle sue numerose pubblicazioni fatte di articoli, di saggi brevi e di saggi lunghi. In ogni cosa, anche nei singoli frammenti del tempo egli, in verità, cerca la natura stessa dell'Essere, mimetizzata nelle pieghe degli eventi e delle persone.

Rombano e rimbombano fiume e torrenti,
mentre con pena e con affanno,
dal proprio letto vanno straripando.

E l'uomo stesso, nel bene o nel male, è parte stessa di tale complessa visione:

Gli uomini al peso di immensi dolori
soggiacciono e dalla triste terra si vanno
allontanando.

Il pessimismo cosmico leopardiano della natura intesa come limite di vita dell'uomo si fa presente a tratti:

E di me che sarà? L'eterno?
Una nuova esistenza o la tenebre immensa?

Ma è compensato dal Maturi con un'ottica di ispirazione pascoliana secondo la quale quella stessa natura è vista come compagna fedele dell'uomo, come suo conforto nel olore, come guida privilegiata e premonitrice del suo destino:

A sera il dolce concento s'affievolisce e spegne.
Piccoli e grandi, stanchi dai campi,
alla luce fioca della silenziosa luna,
tutt'insieme vanno, lentamente, rincasando.

La campagna – habitat naturale del Nostro – presenta se stessa come un microcosmo in cui l'interezza dell'universo esistente riflette la sua stessa essenza, mentre quest'ultima si rende visibile nelle forme plurime e diverse della vita, da quella minerale, a quella vegetale e animale.

Alberi spogli che Natura riveste
di mille gemme e di rugiada mattutina
per i rami nodosi la linfa sentire rifluire
e dolce ristoro offrite all'assolato viandante,
la vostra primavera invidio tanto.

Il mondo georgico, dunque, sta a rappresentare la sintesi del mondo naturale, è il luogo in cui tutto si rende visibile: è qui che la vita trova la sua origine, è qui che essa – come le piante che vi nascono, poi vi crescono, infine inaridiscono e muoiono, ma poi risorgono – incontra anche il suo epilogo:

Il mio cuore vola per gli spazi immensi
e per la natura tutta rinnovata,
chiedendosi se mai, per lui, rifiorirà la vita.

L'esistere dell'uomo consuma il suo tempo attraverso il ritmo dei giorni, dei mesi e degli anni:

Nelle stanze indorate dai caldi rai
nascendo un chiaro mattino
i grandi occhi alla luce rivolge
quasi che dagli astri, dal cielo
voglia scrutare il suo destino.

Il tempo della natura è ritmato dalle stagioni, dal loro perenne avvicendarsi, dal loro mescolarsi e intrecciarsi alle vicende della storia fino ad apparire quasi in un tutt'uno, unico e inscindibile.

Ed è il tempo dell'inverno:

> *Niveo candore riveste*
> *le alte cime dei monti.*

È poi il tempo della primavera:

> *Il mio cuore vola per gli spazi immensi*
> *e per la natura tutta rinnovata.*

Esplode, quindi, radiosa l'estate:

> *Una nuova esistenza o la tenebre immensa? Il ricco,*
> *verde manto,*
> *che la bella Primavera vi donò,*
> *ora Autunno sparge per i campi.*

Si noti l'uso rigoroso della maiuscola con cui il poeta scandisce i nomi delle stagioni. Le stagioni sono, per il Maturi, persone viventi, agenti, patenti, gaudenti: In esse si riassume il senso intero del vivere nella complessità cosmica, di cui l'uomo è solamente uno dei mille e mille aspetti. Ma il poeta vede anche che la natura rinascerà da se stessa, si originerò di nuovo dalla stessa morte, e, quasi smarrito, di nuovo si chiede:

E di me che sarà? L'eterno?
Una nuova esistenza o la tenebre immensa?

Quello che potrebbe apparire come un "cupo pessimismo" del poeta diventa, invece, in lui l'emblema della comprensione piena della ragione universale dell'essere, dell'eterno e armonico avvicendarsi, il suo saper nascere e morire, la sua capacità, - camaleontica quasi – di cambiare forma ogni volta, il suo evolversi all'interno di se stesso con un moto suo proprio, perpetuo rispetto al moto definito e limitato delle singole cose. Traspare la visione di uno spirito unitario del tutto in cui le singole particelle muoiono per trovare l'alimento necessario al perpetuarsi dell'essenza della vita universale. Del dolore stesso dell'individuo non vengono, in nessun caso, addebitate cause occasionali o contingenti come a dire che lo stesso è la logica risultanza della vita stessa, vi è contenuto. L'uomo è un frammento cosmico vagante nello spazio storico alla ricerca perpetua del suo "intero" universale:

L'animo dei mortali alla novella vita non resiste
come corolla appassita su se stessa si china.

Da storico attentissimo degli eventi umani, il Maturi si dimostra nei versi un meticoloso osservatore dei criteri generali dell'evoluzione dell'esistente, di cui registra schegge dei suoi palpiti, gli aneliti e le speranze opportunamente temprate da ragionevoli dubbi. Egli è tessitore di due storie parallele, uguali e diverse: la storia "apparentemente" finita dell'individuo, e il suo essere parte infinitesimale di una storia infinita, illimitata nel tempo e nello spazio.

Il cantare del poeta è un cantare classico, antico direi, gli accenti tonici si inseguono in maniera ritmica. Egli fa ricorso a un lessico ricercato che trova un melodioso scorrimento tra le strofe, nei versi e tra i versi. Questi ultimi risultano essere quasi sempre liberi, liberati cioè dalla rima, allo scopo di rendere più agevole lo scorrimento spontaneo el pensiero lungo l'accidentato percorso evocativo.

La poetica del Maturi – sia nei suoi aspetti lirici che tematici – è, tuttavia, più articolata e complessa di quanto io ne abbia potuto delineare, in questi brevi tratti, i caratteri. Sarà, dunque, compito del lettore attento scoprire e mettere in evidenza gli ulteriori risvolti della coinvolgente scrittura dell'Autore.

Antonio Pellegrino

Prefazione al testo narrativo

di

*Maria Rosaria Franco, I Luoghi Dell'anima,
Edizioni Sophia, 2015*

M. Rosaria Franco è una scrittrice sannita emergente,
già autrice di due romanzi: "Francesca, il mondo dietro un vetro", Albus Edizioni, 2012, recensito, fra
l'altro, da Arianna e Selena Mannella in "Albatros
magazine", giugno 2012; Il viaggio della memoria,
Albus Edizioni, 2014, Premio ANPS alla XV Edizione del Premio Letterario Internazionale "Tra le
parole e l'Infinito", anno 2014.

Come premessa alla sua terza opera di narrativa, il
racconto «I luoghi dell'anima», ella stessa si affida a
un armonico scorrere di "versi suoi" che testimonia-
no altresì la sua innata, e ben nota, vocazione lirica:

«Ci sono luoghi imperscrutabili del nostro essere.
Quelli dove si nascondono le nostre infantili paure
e quelli dove il vento soffia arido sul cuore
consumandolo di solitudine.
Ci sono luoghi dove sospirano tormentosi rimpianti
e altri dove naufragano peccati inconfessabili
dai quali brameremmo redimerci.
Sono i luoghi dell'anima che non trova pace».

Tali versi, per la verità, che mi sono sentito di porre
in primissimo piano e all'attenzione di chi legge in

questa prefazione, rappresentano una grande sintesi tematica del racconto che pone al centro il grande dramma o dilemma dell'esistere: la difficoltà di essere uomini interi, la forza che il tempo e lo spazio fisici – i luoghi della storia – esercitano sul tempo e sullo spazio psichico – vale a dire i luoghi dello spirito – residenza dell'essenza interiore dell'individuo, i luoghi dell'anima.

Lo scenario di apertura è una spiaggia deserta e sullo sfondo, oltre il promontorio, una casa vuota, abitata da fantasmi di ricordi, un peschereccio nel mare, uno spirito solitario, che, come sospeso in se stesso, vaga nello spazio asettico, diventato quasi surreale.

Il racconto colpisce già al primo impatto, coinvolge per quel suo lievitare dentro se stesso e diventare incalzante, ritmico, denso, a mano a mano che procede verso la fine. E' davvero un bel tuffo nell'anima, in un luogo senza tempo e senza spazio, in un luogo in cui la vita si manifesta in quei desideri che il mondo non sempre concede, che spesso, se non sempre, tende ad impedire del tutto o ad abortire in itinere, soprattutto in chi è sognatore ed ha ali per volare.

Il tutto appare sospeso tra fiaba e tragedia, a mezzo tra cielo e terra, tra realtà e irrealtà, tra fisico e metafisico, tra corpo e anima. È, in effetti, un viaggio a mezzo tra il mondo esteriore e quello psichico, ha in sé un sentore di epico, di arcaico, e riconduce al paragone con imprese quali quella dell'errabondo Ulisse che sfida gli estremi confini fisici della Terra e quella di Dante, che nel micro-mondo della sua mente e del suo spirito sfalda i confini metafisici e va alla scoperta degli smisurati regni dell'oltretomba fino a sfiorare il limite estremo del paradiso, dopo avere attraversato l'inferno e il purgatorio con tutto quello che ne consegue. Il supposto paragone si presenta così nella nostra scrittrice:

«Bagnato e infreddolito lottai con tutte le mie forze per contrastare la spinta del mare sulla pala del timone che sembrava ingovernabile, sbattuto a destra e a manca, cadendo giù più volte e poi rialzandomi. Le cime delle scotte, zuppe d'acqua, ferirono a sangue le mie mani. Il veliero nero arrancava in mezzo alla tempesta e a nembi bassi, scuri e saettanti contro il vento per strapparsi con caparbietà all'avverso destino. Le assi si lesero, il legno scricchiolò e si squarciò, l'albero maestro oscillò, le vele e le robuste funi si strapparono, le gomene si spezzarono e ondeggiarono al vento. Proseguii in balia delle onde più alte e imponenti, finché una di queste, più devastante delle altre, colpì inclinando e piegando pericolosamente il veliero sul punto di inabissarsi».

Si provi, ora, a ripensare, per un attimo solamente, a Ulisse e ai suoi ardimentosi compagni, posti fra Scilla e Cariddi, e a Dante nella Selva oscura in compagnia delle fiere.

Il racconto, che inizia in modo sornione, diventa sempre più incalzante per il protagonista, lo apre sempre di più verso nuovi scenari, verso nuovi personaggi, surreali, improponibili in termini di realtà:

- un *albatro loquace*, un pennuto, impettito e con fare alquanto serio, a tratti beffardo, metafora di un angelo, lo guida verso l'ignoto, verso paesaggi sconosciuti, posti oltre la realtà, che si concludono in un bivio, luogo di una scelta radicale, ove il pennuto spicca il volo e sparisce;
- il *compagno di scuola*, un bambino di otto anni, ormai morto, simbolo della perduta fanciullezza, e, più in là, oltre la riva, la madre, generatrice di vita, bella come il giorno in cui aveva conosciuto suo padre;
- *un'aquila maestosa* che lo solleva e lo porta in volo verso paesaggi mozzafiato e verso l'età dell'adulto;
- *un'allodola generosa* e *uno scinco delle sabbie* lo aiutano, poi, a spegnere la sete e gli suggeriscono la via per uscire dal deserto e raggiungere uno splendido giardino ove campeggia un maestoso palazzo di marmo;
- *una tigre bianca*, a presidio del palazzo di marmo, che gli schiude le porte e lo introduce nel luogo delle sue ambizioni, delle occasioni mancate e dei tormentosi rimpianti;
- *la sua perduta amata* – metafora dell'anima inascoltata, disattesa e vilipesa nel corso degli eventi e delle distrazioni prodotte dalla vita – ritrovata morta, distesa su un talamo marmoreo;
- *un nero veliero* – emblema dell'inferno interiore e dell'espiazione – che lo guida, infine, attraverso

un vorticoso navigare, nel suo viaggio di ritorno
verso la crudezza della realtà storica;

- *un minaccioso serpente marino* – posto a presidio
del passo tra il mare e la riva, tra l'inconscio e il
conscio, il Super Ego forse – che prova a ostaco-
lare il suo risveglio alla coscienza;

- *una calma distesa di sabbia*, il luogo
dell'approdo del naufrago, ormai rigenerato alla
vita, grazie al battesimo dell'acqua ricevuto nel
periglioso viaggio, simboleggiante la coscienza
di sé risanata.

Le vicende e i personaggi viaggiano su vie parallele,
armonizzate fra loro, compatibili nei ritmi, che, in-
calzanti, non lasciano alcuno spazio a inutili e al-
chemiche perifrasi: ogni parola ha un senso, ogni
pensiero ha un senso, ogni luogo, ogni essere hanno
un senso, tutto ha un senso, tutto è compreso nel protagonista, il fuori non esiste – o esiste solo in virtù
del soggetto pensante – è pura apparenza, tutto il
mondo possibile è nell'uomo *"senza nome"*, egli potrebbe essere chiunque altro o qualunque altra cosa,
potrebbe essere il simbolo del tempo e dello spazio,
della vita e della morte, della felicità e del dolore,
della tragedia o della commedia:

*«E la mia solitudine ... lentamente rotolava come
quei gusci vuoti di conchiglie nella risacca tra alghe
e stelle marine».*

45

L'intelaiatura narrativa è densa di metafore e di simbolismi, in parecchi passaggi il linguaggio si eleva fino a sfiorare i vertici stessi della poesia:

«*Era lo stesso deserto che avevo attraversato durante l'intera mia vita: il luogo della mia solitudine*».

E altrove:

«*E, al centro, distesa su un talamo marmoreo, la mia perduta amata. Meravigliosa e intatta creatura dalle membra rigide e la pelle d'alabastro, soavemente esanime sotto una velata coltre*».

Numerosi sono gli esempi adducibili in proposito, ma si preferisce non sottrarre altro alla curiosità e all'intelligenza interpretativa del lettore.

Frequenti sono le proiezioni oniriche, caratterizzate da parole e immagini poste ai limiti fra sogno e realtà:

«*Mi trovavo su un nero veliero alla deriva, solcando il mare dei miei peccati. Era il luogo ove languiva ciecamente la mia anima lontana dal Divino Timoniere*».

Profonda è la vocazione mistica di M. Rosaria Franco, autentico il suo desiderio di pensiero dell'ascesi, attenta sacerdotessa della parola trivella il profondo fino a sfidare il vuoto dell'assenza e approdare, poi, nel luogo dell'essenza dell'essere proprio:

«*Mi sorpresi ad ammirare un sontuoso giardino con palme e fontane. Al centro vi era un enorme palazzo di marmo bianco, ornato di intarsi e di pietre preziose. La luce del sole scintillava di colori tra i cristalli, gli zaffiri e le giade incastonati nei mosaici di pietra dai motivi floreali. Un gioiello di rara bellezza, incorniciato da aiuole fiorite, che si specchiava in canali d'acqua limpida*».

Ampi e profondi sono gli orizzonti descrittivi, ricercato e dovutamente amalgamato all'insieme narrativo il lessico, ritmiche le cadenze che non scadono mai nella lentezza o nella noia, negli inutili arzigogoli, capaci di pareggiare, oserei dire, la velocità stessa e la densità di un verso:

«*La chiamai, ma l'immagine svanì tra le increspature concentriche di un sasso lanciato nell'acqua*»;

e ancora:

«*Un albatro roteò sul mio capo, inseguendo il vento con volo ardito*»;

infine, per non rubare troppa roba al testo:

«*Le assi si lesero, il legno scricchiolò e si squarciò, l'albero maestro oscillò, le vele e le robuste funi si*

strapparono, le gomene si spezzarono e ondeggiaro-
no al vento».

In un tempo come il nostro ove l'uomo, spesso, se
non sempre, ignaro di se stesso, è diventato preda di
mille plagi, clone di altro o di altre cose e, a sua volta, feroce clonatore, accolgo come acqua limpida di
sorgente montana un racconto come questo in cui gli
occhi e le parole si allontanano dalle solite ambite
mete e, invertendo la rotta, tracciano una diversa pro-
spettiva, guardano verso altro, verso l'interno, verso
l'intimità dell'individuo, verso la sua invisibile presenza, la cui residenza è nel suo bagno di solitudine,
nel suo stesso deserto.

Antonio Pellegrino

Prefazione alla Silloge poetica

di

Maria Rosaria Franco, I Pensieri della Notte,
Edizioni Sophia, 2013

M. Rosaria Franco, già autrice di due romanzi, pubblicati nel 2012 e nel 2014, è qui, per la prima volta, nella veste di poetessa, ｢ ｣vendo conseguito alcuni significativi successi, tra......ε poesie sciolte, in alcuni importanti concorsi letterari: "I resti dell'inverno" è risultata quarta, conseguendo anche il premio della critica, alla XVI Edizione del Premio Letterario internazionale "Tra le parole e l'Infinito" 2015 e inserita nell'Antologia del Premio; "Nuvola" ha ottenuto l'attestato di merito al Concorso Letterario "II Memorial Cinzia e Nicola di Mezza " indetto dal Lions Club di Isernia e inserita nell'Antologia "Graffi del Tempo" 2015; "Porterò con me" si è classificata ottava alla IV Edizione del Concorso Nazionale di Poesia e Narrativa ConVERSIamo al Casale 2014)

La parola è l'anima della vita, è l'origine, è la genesi di tutto, di Dio stesso che è Verbo, è l'origine di ogni individuo, di ogni animale, di ogni monte, di ogni fiume, di ogni lago, del cielo e della Terra, del mare, di ogni cosa che sia nell'universo. Ciascun esistente sarebbe anonimo senza la parola, perché è essa che ne definisce l'identità: il pensiero stesso sarebbe muto, sarebbe inerte e inespressivo. Parola e anima avrebbero coincidenza assoluta se le stesse imparassero a riconoscersi e a dirsi. Quando è semplice parte di un linguaggio, quando è contenuto di un dizionario, quando si veste di convenzionalità, quando diventa prigioniera di un lessico, la parola non evoca più essenze ma involucri esterni di ciò di cui si dice; se, intesa, invece, come sostanza assoluta, essa si fa medium tra l'individuo interiore e quello che dello stesso appare fuori, è essa il tramite insostituibile tra l'individuo – visto nel suo intero di corpo e di anima – il mondo e tutti gli esseri animati e inanimati che lo abitano. La parola è l'unica possibile creazione, è traduzione simultanea, docile e fedele, di quanto, a occhio nudo, non sarebbe mai possibile vedere: pensieri, sentimenti, emozioni, passioni, suggestioni. Cogliere, dunque, se stessi è cogliersi come verbo, come sostanza, unica possibile, di se stessi. Sacerdote e testimone assoluto della Parola-Verbo è il poeta, egli è colui che se ne mette in paziente ascolto e, poi, la veicola a mo' di particole, facendo cibo di sé gli uomini di tutti i tempi e di tutti i luoghi. Il poeta è il creatore delle parole, l'architetto dell'eternità. Ma, ora, chiediamoci, colti da curiosità:

«Qual è il rapporto con la Parola-Verbo di M. Rosaria Franco, che, per la prima volta, si cimenta con il linguaggio dei versi e delle strofe, della parola cercata, più che della parola data o preconfezionata?».

Ella racconta in versi la difficoltà di vivere, lacrima la vita dal sapore di sale e dal colore vermiglio del sangue:

Gocce vermiglie grondarono
da lame di coltelli divorati dalla ruggine,
usurati dal tempo e dal disumano divenire.
Squarciarono il ventre di quel mondo infernale.

In un mondo complesso sublima, a tratti, anche
l'ardore e la passione con cui si affrontano gli angoli
misteriosi, le stalattiti e le stalagmiti, di quella sconfinata caverna che è dentro ognuno di noi, vale a dire
dell'antro dell'essenza invisibile, ma presente, che
presiede a ogni nostro gesto, a ogni nostra azione, a
ogni nostra emozione, positiva o negativa che fosse,
benefica o malefica, diabolica o angelica.

Il suo rapporto con la parola la poetessa stessa ce lo
dichiara nella sua breve premessa alla silloge:

"Ho imparato ad amare le parole" – ella afferma –
le compagne più fedeli della sua solitudine, la culla
dei suoi desideri autentici, le interlocutrici dei silenzi
profondi, mentre il mondo, ostile, è inerte. Le parole
ella aggiunge sono le cose che *"danno un senso ai*
miei pensieri", esse le parlano in evaporanti deliri,
quando il mondo è agonico e impotente, e ne accol-
gono le emozioni e i sentimenti taciuti, abortiti dal
tempo che, disattento, fugge, come è evincibile da
quanto ella lapidariamente afferma : *"Nelle parole*
trovi il conforto quando gli sguardi sfuggono ed il
tempo tradisce le attese". La parola per il poeta, per
qualunque poeta possa definirsi tale, è traduzione di-
retta dello spirito, anzi, per dirla meglio, è lo spirito

del poeta che traduce se stesso, e questo in M. Rosaria Franco accade, si vede e si sente.

E, aggrappandosi alla parola, strumento impareggiabile di catarsi, di voglia di liberazione e di volo libero, rannicchiata nell'alcova silente del suo deserto, nell'assenza di tutto quanto è fuori e che farebbe da limite agli stati evocativi, vale a dire all'ascolto del profondo, di ciò che, a volte, in maniera incomprensibile, criptata, arriva dalle radici, ella si racconta prima a se stessa, poi a noi lettori, facendo emergere temi di grande spessore che riguardano l'essere e l'essenza di ciascuno.

In "*Cadere giù*" emerge in tutta la sua evidenza il tema della solitudine, di quella belva dello spirito che con frequenza induce al ripiegamento su se stesso per incuria degli altri uomini, per la loro disattenzione agli altrui bisogni, due versi scolpiscono a caratteri di fuoco tale sofferente condizione:

> *E' l'assenza di un punto d'appoggio,*
> *di due braccia che ti cingono.*

Ma è l'incomunicabilità in "*Cuori viaggianti*" a farla da padrone, a dirigere la vita divorata dalla velocità del tempo, dai mercati e dagli affari, dal potere e dalla seduzione, dal culto smodato della bellezza esteriore, della dimenticanza di essere uomini e padroni della parola, evocatrice e comunicatrice dello spirito proprio, della propria identità latitante:

Continuavamo a viaggiare distanti.
Immobili e imperturbati nel freddo pungente.
Sagome dietro i finestrini di treni a vapore

E, in effetti, a dividere gli individui fra loro, a renderli, spesso ignari, l'uno dell'altro, si mettono in mezzo il tempo e lo spazio, vere e proprie barriere, recinti per spiriti bui, inerti perfino rispetto a se stessi come si evince da alcuni versi di un breve ma denso componimento dal titolo *"L'attesa"*:

Si accalcarono tra noi
volti, addii e ricordi.
Allontanandoci. Perdendoci.

In *"Il mio ritratto"* la poetessa esplode nel suo bisogno di uscire dal recinto proprio, dalla sua prigione che occulta agli altri la sua essenza e mostra solamente l'involucro, l'immagine di sé che fuori appare, mentre spera che un pittore ne sappia dipingere anche l'anima, quella che non a tutti, forse a pochissimi, appare:

Dipingi la mia fantasia,
i miei pensieri in volo.

In *"L'essenza"* campeggia il paradosso che l'incontro con il sé, la scoperta della propria essenza, quella che rende liberi e unici, uguali solo a se stessi, comporta anche il dolore, il tragico e incomprensibile destino, del rimanere, forse, per sempre, invisibili agli altri, visibili solo a se stessi e ad altri spiriti liberi, vale a dire liberati dalla schiavitù del tempo e dello spazio, delle culture e delle convenzioni, degli occulti plagi della storia:

> *Il destino di svanire*
> *dietro l'invisibile.*

Ma il risvolto positivo sta in *"Nuvola"* e nel conseguente, nascente desiderio di libertà assoluta, di fuga dalla muta e inerte realtà, di volo verso le vette più alte del pensiero e verso le abissali profondità dell'essere, posto nel deserto dell'anima ove l'uomo trova la sua autentica origine:

> *Sono diventata nuvola.*
> *Nuvola di passaggio.*
> *Non puoi più afferrarmi.*

e più avanti

> *Sono lontana. Nessuno mi sente.*
> *Rincorro affannata il sole e la luna.*

In *"Porterò con me"* appare il desiderio di evasione da un mondo incapace di comunicare ma fa capolino anche il sentimento del ricordo, del ricordo di mo-

menti di gioia, altre volte di nostalgia, altre volte ancora di lancinante dolore:

> *Porterò con me*
> *solo i ricordi.*
> *Quando non ci sarò più.*
> *Quello dei tramonti più rossi.*

e più avanti

> *il terrore nello sguardo inerme di un bambino*
> *smarrito tra i campi di filo spinato*
> *in una notte buia e senza fine*

più avanti ancora

> *Porterò con me*
> *i silenzi. Gelide stanze vuote,*
> *impregnate dall'odore di muffa*

Sempre il tema del bisogno di fuga da una finta realtà, che nega l'essere vivo dell'individuo, sembra ri-
presentarsi con risvolti, liricamente potenti, di versi
in "*Urla nel deserto*", qui la fuga si trasfigura nel
viaggio, nel desiderio di vedere e di scoprire, di togliere il velo che l'occlude all'invisibile:

Ramingo tra dune che si tingevano d'oro al calar
della sera. / Nel silenzio, di notte. Fuori dal tempo.
Fuori da tutto. / Sotto un cielo color cobalto incasto-
nato di stelle.

e più avanti

Scorreva il tempo nel cerchio della Luna.
E il vento spazzava i miei passi sulla sabbia.

Il tema del dolore e delle lacrime purificatrici, reden-
trici dell'anima, ritorna con ancora maggiore evidenza in *"Lacrime di cristallo"*:

> *Dondolano lacrime di cristallo*
> *sospese sull'abisso del mondo.*

e più avanti

> *Dallo squarcio affiora una stella: pupilla radiosa*
> *da cui stilla una lacrima.*
> *Argentea goccia di pianto*
> *sospesa tra il battito di una ciglia*
> *e le ingiurie del tempo.*

Non poteva mancare in M. Rosaria Franco, lei
mamma, il tema dell'amore, dell'amore che non
sempre è conforto, che, a volte, se non spesso, è dolore assoluto, nostalgia di tempi ed eventi passati non
più perseguibili se non nel ricordo imperituro, amori
che, forse, avrebbero potuto dare un sostegno più so-
lidale a un'anima diversa, evocatrice di libertà e di
essenze, di sostanze immateriali, senza peso, leggere

e trasparenti più dell'aria. Così ella evoca in *"Lettere d'amore"*:

Lettere d'amore racchiuse in scatole di latta.
Frammenti del passato
riflessi su lacrime di cristallo.

e più avanti

parole affilate che pendono come stalattiti
o punte di coltello sospese sul cuore.

In *"Sogni di pietra"*, l'autrice evoca con parole, e versi di grande incisività lirica e forte impatto emotivo, il tema della morte, mimetizzando, poi, dietro la metafora, lo svanire dei sogni e dei desideri più avvertiti:

... E la vidi giungere al mattino presto
nel pallore di un sole obliquo all'orizzonte.
Si sedette sulla lastra di marmo bianca,
immobile e con sguardo assente fino a sera.

Ma, al di là di tutto, oltre la gioia e oltre il dolore, oltre la bellezza e oltre la bruttezza, oltre la salute e oltre la malattia, rimane come strumento di estremo conforto degli spiriti sensibili il sogno, la possibilità di essere quello che ciascuno sente di poter essere, quando le palpebre, stanche, si chiudono innanzi alla psichedelica vetrina del mondo e, nel contempo, si schiudono in quell'angolo del notturno riposo dove nessuno ti vede, dove nessuno ti può impedire di volare, dove nessuno ti può giudicare né ferirti l'anima. E nei versi de *"Gli spiriti della notte"* la parola stessa si fa sogno, ma poi, di nuovo si nasconde quando il giorno si prepara a sorgere:

> *Ma all'alba si dissolvono*
> *poiché la luce*
> *li confonde e li inquieta.*

È tipico l'atteggiamento dei poeti contemporanei, soprattutto di quelli dei giorni più vicini a noi, produrre versi e strofe, andamenti metrici e ritmici, a effetto, con l'uso di parole e di metafore, a tratti, artificiose, complesse, per non dire contorte, che spesso, se non sempre, finiscono per snaturare la natura evocativa della poesia – che, nel suo assunto, dovrebbe essere un bagno nell'innocenza espressiva del bambino – riducendola a un vero e proprio gioco a effetti tanto da finire per diventare pirotecnico al pari di un fuoco d'artificio o delle luci di un albero di natale vestito oltre misura. Con frequenza nel poetare dei nostri giorni manca il silenzio, manca la salutare purezza, manca la snellezza ritmica, manca l'eleganza di una melodia pensata e suonata con discrezione, oltre i confini formali delle appariscenze. Potrei fare, in proposito, numerosi esempi, ma mi esento, lascio ai lettori e ai più accreditati cultori di estetica del linguaggio poetico la verifica di questo mio pensiero forse insano e provocatorio, ma che esprime in pieno il mio modo di sentire, di capire, di provare gusto per l'immagine pura o nuda della parola-verbo e del suo suono connaturato alla sua stessa sostanza.

Nell'autrice de "I pensieri della notte" – già il titolo evoca silenzi vissuti fra le ombre e i suoni ovattati che giungono dal tempo e dallo spazio dell'anima – il rischio o la tendenza a uno stiracchiato modernismo, non si corre, ella ha cura della classicità della parola e la colloca nella culla del versi, e poi delle strofe, come mamma premurosa fa per il proprio bambino:

Dipingimi ...
Ritrai i miei sospiri.
L'inquietudine e la frenesia
che mi porto dentro.
I pensieri matti
che affollano la mia mente.

Ella le parole non le tocca, le sfiora come su tasti invisibili, ne prova il suono e le colloca in modo armonico nell'insieme:

Nel dedalo dei crepacci
alita un canto da culla. Una nenia.
O solo l'eco di una malinconica cantilena
di quei respiri da lungo tempo
rinchiusi dietro lastre di castelli di ghiaccio.

Le metafore hanno sempre un che di naturale, nulla hanno di alchemico o di criptico, sono digeribili, assorbibili, intuibili, traducibili nel moto spontaneo della lettura, sono alla portata di qualunque lettore, anche di quello meno aduso al linguaggio in versi ma che prova desiderio, a volte istintivo, di avvicinarvisi:

Incontrerò la tua ombra nel frammento di un arcobaleno, / tra i riflessi di una pozzanghera sull'asfalto nero e lavato dalle lacrime. / Sotto altari nudi e profanati, afflitti dal pianto querulo di livide preghiere.

E perché, poi escludere gli ultimi, i lettori più timidi, quelli, all'inizio, più claudicanti e incerti? Ogni nuovo lettore che arriva è il benvenuto, egli diventa ospite di quel grande edificio del pensiero dell'anima, dell'essenza intima del tutto che è la poesia, l'altare unico sul quale si celebra il rito sacro dell'essere.

Con queste parole, cariche di intensità emotiva e trasparenti come la luce della luna nelle notti stellate, la nostra poetessa, rivolgendosi a un tu – che potrebbe essere chiunque di noi, chiunque ne affronti i versi leggendola – conclude la sua breve introduzione alla Silloge:

«Ho dato parole ai miei pensieri più intimi, pensieri che non osavo nemmeno sussurrare. E ... sono state parole così forti da rimbombare nei quattro angoli

del tuo cuore. Parole che mi rimproveri di non dover mai pronunciare ma resteranno lì, esattamente dove le hai lasciate, disarmate e sole. Resto ancora nel mio mondo parallelo al tuo, consapevole di tutto quanto.

Sarebbero ben misera cosa i suoi versi se M. Rosaria Franco si fosse limitata, chiusa nella torre d'avorio del suo egocentrismo, a parlare del suo stato di malessere, della sua solitudine, del suo dolore esistenziale, dei suoi aneliti, dei suoi sogni; la poetessa, invece, evoca l'uomo e l'universo che lo contiene, coglie l'essenza e il valore oggettivo del tutto, vede l'umanità smarrita, muta, chiusa in se stessa, ella si vede e vede, incrocia i diversi destini e li orienta in un'unica possibile direzione: il recupero necessario dell'autenticità dell'io, del mondo, di tutto quanto esiste; il recupero dell'essenza individuale in un universo culturale clonatore di macchine agenti per impulsi eterodiretti più che come spiriti liberi.

Io, ora nella veste del lettore, vedo tutto questo nella poetessa, in questo spirito evocante bisogno di cieli, al cospetto dell'inferno, e provo a guardarmi, per vedermi meglio, forse, per la prima volta da quando esisto.

Antonio Pellegrino

Prefazione alla Silloge poetica

di

Dante Iagrossi, Spiragli di Pace,
Grafica e Stampa Soluzioni sas, Amorosi (BN), 2016

La silloge poetica di Dante Iagrossi si compone di 63
liriche, di gradevole e agevole lettura, dense di temi,
fluide nello stile evocativo, generato da standard
espressivi privi di fronzoli e di barocchismi decorati-
vi. I suoi versi, esenti dall'osservanza a regole metri-
che stringenti, si aprono liberi a una melodia spontanea, combinazione di parole scientemente armonizzate tra loro. Le metafore e le altre figure retoriche
non sono mai forzate, mai artificiose, mai complesse
e criptate, si offrono al lettore in maniera fresca e
comunicativa, scevra dal pericolo di contaminazioni
manieristiche e futuristiche, di versificazione a effetto. I singoli componimenti, in rispetto della tradizione, ma anche delle mutazioni avvenute nel tempo, e
delle nuove esigenze stilistiche e strutturali, si muovono con equilibrio tra il presente e il passato, preco-
nizzando un modello di futuro che è, nel contempo,

configurazione del "cuore bambino" del poeta, epi-
centro del suo stesso pensiero e progetto di vita im-
maginato per se stesso, per l'umanità intera, per
l'incalcolabile spazio che la ospita. Si sa, la poesia è
un'arte sublime e dai mille risvolti, è soggettiva e
oggettiva nel contempo, è racconto ed è canto. Non
tutti i poeti sono uguali tra di loro, in comune hanno
il metodo, la tendenza a scavare, nel deserto profondo dei loro spiriti, gli orizzonti dello spazio e del
tempo psichici; esaminatori delle dimensioni invisibili agli occhi comuni, essi sono trivellatori
dell'anima, esploratori incalliti di memorie, abili
estirpatori di radici, scienziati assoluti di quanto è
posto oltre i limiti del senso comune, oltre il fenome-
nico, sono i naviganti del noumeno, guidati, come
sono, dal "sesto senso", il senso delle ultra-
dimensioni, quello di cui non a tutti è consentito avere il timone. I poeti, come anche il nostro poeta, si
muovono tra il tutto e il nulla, tra il finito e l'infinito,
tra la materia e lo spirito, tra il visibile e l'invisibile,
essi sono gli acrobatici equilibristi del tempo e dello
spazio.

*Arditi equilibristi, da sempre in bilico / sopra la li-
nea sfumata dell'orizzonte, / tra cielo e mare, a raccogliere / gli ultimi raggi d'arancio infuocato / per
inondare di sereno / le prime ombre della sera...
[...] Capaci di ascoltare il respiro di una quercia, /*

lo spuntare lieve di una viola nascosta, il canto nuovo di rondini a primavera / e sorridere ogni volta come bimbi alla fiera... (da I poeti).

E Dante Iagrossi, il nostro poeta, è un abile sondatore di radici, il suo nome è, non a caso, evocatore di un altro nome che fu autore sublime di grandiosi fasti letterari e di corolle di versi immortali. Nel suo viaggio poetico, a tratti tinto di venature crepuscolari, egli ardimentosamente cerca le fondamenta della vita e della sua vita, percorre i ricordi radiografandoli, mentre con occhi e mente lucidi osserva nel suo presente, prefigurando un possibile futuro di speranze. Come attraverso un film gli scorrono avanti immagini, rimaste indelebili, a memoria del bello e del brutto, del dolore e della gioia, della vita e della morte, dell'angoscia e della speranza: il padre, la terra, l'infanzia, il tempo e lo spazio, la storia, la cronaca, le persone speciali simili ad angeli, visibili e tangibili. Rivolto al padre, metafora evidente del tempo che fu, così egli evoca nei suoi versi:

Come vorrei che fossi qui, / anche soltanto per un momento, / mentre il giorno stanco si scioglie piano / nel mare azzurro della sera / e la morsa della vita incide ancora / piccole fratture inaspettate / sopra la tela rosa delle speranze... (da "A mio padre").

Il mare azzurro della sera è il luogo della pace in cui si riposano, come in una morte apparente, le ferite della vita, le angosce inevitabili che fanno vedere lontano il luogo della speranza. E al cospetto della Terra, della sua terra o di quello che di essa rimane:

Questa terra non profuma più di viole / e dei fiori di ginestre sopra le colline sventrate, / che si aprono al tepore del sole di maggio... / Questa terra puzza del fumo invadente, / insopportabile delle gomme bruciate / lungo le strade insicure della notte. (da Agonia di una terra).

Oggi la sua terra non è più quella terra, i suoi profumi sono lontani, la sua immagine sbiadita, modificata da eventi, a volte insani per non dire perversi, mentre la speranza della rinascita è occultata dai silenzi omertosi di chi non agisce o non ha interessi per farlo. E sempre nello stesso componimento, con sconforto ma anche con una tacita speranza, esprime come in un lamento:

Questa terra abbandonata aspetta / lievi spiragli di albe nuove, dentro tele interminabili / di silenzi amari e stelle fioche di speranze (da Agonia di una terra).

La speranza in un mondo migliore, dunque, non muore, timidamente aleggia nell'anima del poeta, che, raccolto nel tempio sacro del silenzio, ritorna a trovare il conforto e l'ispirazione nel mondo georgico e in quello bucolico, spettri di un passato, che, rimane inciso nei ricordi: almeno questi, i ricordi, non possono essere rubati da mano predatrice all'anima sua che li custodisce:

Diventare leggero come un'ape operosa / per succhiare dolce nettare di margherite / ed imbrattarmi le mani di polline giallo (da "Come Francesco").

La sospensione dal tempo presente rende possibile il miracolo di "speranze vissute al passato" al cospetto di immagini idilliache che galleggiano leggere nell'anima, immagini eteree come sogni, fatte di campagna e di montagna, di giochi vissuti al cospetto di cieli amici e di stelle luminescenti:

Le bambine rubano stelle / sopra il profilo d'argento dei monti: / si fanno collane di perle, / quando il silenzio della notte / regala agli occhi ali di seta celeste... (da "I giorni dell'incanto").

E, sparsi di qua e di là, avvolti nel silenzio e tra i respiri profondi dell'universo vegetale, i mille colori nati dalle mani del magico artefice, del mitico e rassicurante creatore, il demiurgo che tutto è e tutto fa:

All'ombra di una quercia antica mi siedo, / tra ciuffi gialli e luccicanti di ranuncoli / e soffici tappeti viola di flagranti verbene (da "Il quieto respiro della collina").

71

Nella crisi sistemica di valori del tempo presente, luoghi di rifugio e di meditazione, di ispirazione, diventano l'infanzia e il cosmo, due punti diversamente equidistanti dal presente, vale a dire il punto-luogo del passato e il punto-luogo del futuro: retrospettivo il primo, prospettico il secondo, tesi entrambi, in un abbraccio fraterno tra loro, a ritrovare la via smarrita della fiducia dovuta alla sacralità della vita:

Non mi spaventa la notte che arriva col suo manto / fluttuante di misteri: stuoli silenziosi di lucciole / amiche mi apriranno sentieri nascosti nel buio (da "Il quieto respiro della collina").

Egli crede, dunque, che anche nella notte più profonda si possa trovare la luce più luminosa, insomma egli pensa che la crisi possa rappresentare lo strumento essenziale capace di produrre il cambiamento, le lucciole sono pur sempre simbolo di speranza, tanto esse assomigliano per in parte alla terra e per l'altra parte al cielo, esse sono figlie delle stelle che popolano e animano il firmamento. Semplici e spontanei, direi naturali, gli spunti metaforici che il poeta assume nei suoi componimenti per rendere manifesta la sua duplicità interiore, il desiderio della morte = ritorno al padre per il ritorno alla vita, e il desiderio della vita = desiderio di sfondare il velo, spesso, che impedisce all'individuo la possibilità di vedere con maggiore chiarezza, di vedersi:

Fili rosa di ricordi ci uniscono / e raggi festosi di sole, che filtrano / i giorni grigi del silenzio... / Corriamo attraverso gli anni / con sorsi di vino bianco e risate. (da "Amici").

I ricordi finiscono per rappresentare il ponte naturale posto tra passato e futuro, a partire dal luogo ibernato del silenzio, il presente, vale a dire il luogo generatore dell'incomunicabilità dell'uomo con se stesso, con gli altri uomini e con l'ambiente naturale sempre più mortificato, avidamente depredato della sua primitiva bellezza. E' così che egli, esaltandosi nel suo viaggio magico attraverso i versi, evoca:

E noi, per paura del buio, rubavamo le lucciole nel giardino / tra l'albicocco ed il ciliegio e ci sembrava fossero / piccoli frammenti di stelle cadute dal cielo (da "Il sentiero dei gelsomini").

Tutto si srotola come attraverso un film bene articolato di immagini, un film sapientemente congegnato, e sequenza dopo sequenza, giunge in primo piano quella del piccolo bolide, la Belvedere, la stessa che, in un tempo diverso, gli aveva fatto provare la magica sensazione di sentirsi fendere, a mo' di proiettile, l'aria fino a spezzarne il petto e penetrarne il cuore:

E poi le foto in bianco e nero, / in posa accanto a quel piccolo bolide / che correva piano per le strade di ieri, rubando piccoli assaggi di felicità (da "La Belvedere verde").

Esondano i versi di libertà illimitate vissute tra campagna, colline, profili non lontani di montagne azzurre più del cielo, prati verdi di vita a rincorrere sogni, che, al tempo, erano ancora molto simili alla realtà quotidiana, perché la realtà quotidiana era sogno:

Libera, la mente vola alle corse di un bambino / nei campi sconfinati della spensieratezza, / a rincorrere parabole ardite di palloni / e castelli fantasmagorici di sogni (da "Oltre quella sedia").

Ma i sogni, fatti, allora, di materia vivente, di gioia esplodente, incontravano, poi, il volto stesso del cielo, si confrontavano con le abissali distanze, con i luoghi senza misure e senza confini:

S'annulla ogni distanza / nello spazio di un prodigio, / volano veloci vele trasparenti / da un punto all'altro dell'infinito... (da "I giorni dell'incanto").

Lo spazio, lo spazio immenso, la visione cosmica che annulla ogni altro spazio, ogni altra visione e, nel contempo, la contiene, ne rappresenta il ventre che l'aveva generata un tempo e che, al termine del tortuoso cammino, la riaccoglie nella sua stessa sostanza, la sostanza dell'Ente oltre il quale nulla altro è, il ciclo perenne dell'eterna materia universale, che è, in un certo senso, simile ai sogni nel cui seno il tempo e lo spazio diventano altro da se stessi, reinventandosi ogni volta:

Tutto passa, ma niente si perde per sempre, / se poi ritorna nei cicli inarrestabili del tempo, / afflato soave ed eterno di universo che vive (da "Il quieto respiro della collina").

C'è qualcosa della visione leopardiana della destinazione finale dell'uomo nel tutto in questa concezione della dimensione cosmica della vita, macinata, come essa è, da cicli e ricicli, volti all'estinzione di quanto è passeggero, volatile e flebile, per assumere la veste definitiva della materia generatrice di vita. Ha ragione il nostro Dante, solo i poeti sanno di questo modo dell'eternità, poiché essi, nel deserto della loro solitudine, la incontrano già in vita, ne fanno esperienza che si traduce in conoscenza, succhiano dalle mammelle stesse del potere creativo dello spirito, essenza unica di ogni cosa, l'essenza che unisce e affratella come membri di un'unica famiglia, abitanti per sempre del cosmo.

E sapete dove termina la corsa sfrenata del tempo? / Soltanto i poeti, infaticabili viandanti d'infinito, / lo sanno... (da "Viandanti d'infinito").

Dove ci sono spazio e tempo, come è per il luogo di vita dell'uomo, ci sono eventi che degli uomini, di passaggio nella vita, rappresentano i desideri, i sogni, le volubilità, spesso le perversioni. Per Malala, la giovanissima ragazza pakistana, qui celebrata dal poeta, il nobilissimo sogno era quello del sapere, della conoscenza, della libertà che ogni donna, come ogni uomo, potesse accedervi senza impedimenti, un sogno pagato, poi, con la sentenza di morte ad opera di ciechi aguzzini dell'anima:

Attorno soltanto siepi colorate di libri / e lievi voli di farfalle gialle nel sole (da "Il giardino di Malala").

Per i bambini di Gaza, invece, il miracolo sarebbe stato quello di potere giocare liberi al cospetto di cieli colorati di blu, ma molto diversa era la realtà:

Non sanno più di che colore / è fatto il cielo i bambini di Gaza: / qualcuno gli ha bruciato l'azzurro (da "Il cielo sopra Gaza").

Per gli ebrei l'aspirazione, qualcuno direbbe l'ambizione, era di potersi sentire cittadini del mondo e, nel contempo, liberi adoratori dell'immagine di un Dio, trasmessa dai padri attraverso le pagine celeberrime del Vecchio Testamento, un sogno tarpato con la più estrema delle violenze ad opera di uomini predatori della loro stessa anima, prima ancora che di quella altrui, un sogno conclusosi sul grande rogo dell'olocausto:

E furono soltanto lamenti soffocati, / flebili grovigli di fumo nel vento gelido del Nord, / frammenti di desideri e stelle sbriciolate / di speranze nelle camere scure della morte. (da "Il vento di Auschwitz").

Muri e confini nati a dividere uomini e popoli fra di loro esistono sin dal sorgere dei primi villaggi, diventati, poi, le grandi città. Si ha memoria recente del muro di Berlino, che tanto danno ha arrecato alla storia delle vicende umane. Sono, infine, di oggi le immagini drammatiche di muri e di steccati, di fili spinati, edificati per ostruire il libero passaggio dei popoli, in fuga dal malessere e dalla guerra, verso il territorio della "cosiddetta" Europa libera e democratica:

Ditemi che un giorno non ci saranno / più muri a nascondere lo splendore / immacolato del sole né barriere / di filo spinato che bloccano / il flusso convulso delle speranze (da "Il posto della pace").

Ed ora, con accoramento mi chiedo: «Cosa ci può essere di più occlusivo di buie caverne sotterranee per contenere corpi e anime liberi di uomini eroi, vittime del loro desiderio profondo di normalità e di libertà?». Le Foibe sono diventate nel racconto lungo della storia la testimonianza crudele, il simbolo estremo del buio profondo che si annida nel cuore umano, foiba esso stesso, assetato di potere e di potenza, di arroganza e di intolleranza, di assoluta irriverenza per la dignità umana e del valore supremo del diritto alla vita per chi, un giorno, è giunto nel mondo, credendo di potervi trovare il paradiso:

Voragini di brutalità / per sempre infisse dentro / i campi aridi della memoria (da "Foibe").

Ma in Dante, abituato a non guardare la vita con un solo occhio, ci sono del mondo, spesso crudele, anche le visioni suggestive della bontà umana, della santità laica e religiosa, dell'eroismo, della solidarietà verso la vita ovunque essa si mostri e di qualunque colore o fede religiosa si vesta. Di queste sue visioni egli ci lascia segni di parole in versi ricchi di accorata dolcezza e di soave melodia. A proposito di un apostolo della parola e dell'azione, della carità prima di tutto, madre Claudia Russo, Dante Iagrossi afferma:

E regalavi caldo pane saporito / e frasi profumate di speranze, / spegnendo ad una ad una / le ombre oscure e le paure del domani... (da "Doni d'amore").

Il valore della carità viene, più spesso, visto associato ai valori supremi coltivati dalle grandi religioni e dalle altrettanto grandi etiche e morali, più raramente se ne fa riferimento in rapporto all'eroismo civile, rimasto, spesso, prigioniero del concetto di dovere. Nella poetica dei sentimenti estremi di Dante, tuttavia, an-

che l'eroismo si fa etica e assurge agli altari del valore della santità, conquistata, come Cristo sulla croce,
tramite l'offerta consapevole della propria vita, dopo
avere percorso la via del Calvario e del dolore salvi-
fico:

*E domani forse qualcuno ricorderà, / regalando
qualche lacrima sincera / a una vecchia divisa di-
menticata, / e una medaglia dorata brillerà / ancora
tra le ombre di una stanza* (da "E domani" - per tutti
gli eroi delle forze dell'ordine).

Un pensiero molto delicato è rivolto anche a quelli
come lui, ai poeti, agli amanti del silenzio e del rac-
coglimento, agli abitanti del deserto dell'anima, agli
amanti delle parole, agli abili orchestratori di melo-
die senza note, il suo pensiero va a uno per tutti, a J.
Keats, alla sua vita fugace ma intensa, nello stesso
tempo breve ed eterna:

*Vita fugace e intensa, come un giorno / di primavera
dissolto in un'aureola di luce* (da "Frammenti
d'azzurro - per J. Keats).

L'excursus attraverso l'incontro con anime speciali,
il poeta lo conclude, sommando tutte le altre anime
non nominate, e non poche, in un unico elemento
simbolico, quello degli Angeli, taciuti dalla storia ufficiale, gli eterei portatori di conforto, i compagni fe-

deli delle anime in pena, degli esseri smarriti fra i meandri perigliosi delle difficoltà del vivere:

Hanno gli occhi di un azzurro / più terso del cielo d'estate / gli angeli, e ali morbide di velluto / che brillano ai primi raggi di luna... (da "Gli angeli").

E mi piace porre fine a questo mio viaggio attraverso la poetica di Dante Iagrossi con qualche verso tratto da "Suoni e parole", un vero e proprio inno al romanticismo, un vero e proprio canto del cuore, armonioso e melodico, limpido come acqua di sorgente, colorato di sentimento autentico, un inno che può sorgere solo da chi, come lui, ha nel petto la vita:

Ti regalo i sospiri appassionati / degli amanti, sotto i ricami d'argento / delle stelle indiscrete, e gli occhi / accesi della luna piena che sorride, / sopra il profilo luccicante dell'orizzonte.

A Lui va, da parte mia, un grazie per i sentimenti profondi che egli ha consentito che, in queste ore, facessero presa nella mia mente e nel mio cuore.

Antonio Pellegrino

Prefazione alla Silloge narrativa

di

Lin Schiavo Pontalto, Il trillo del diavolo sconvolge Bagheria,
Lulu Edizioni, 2017

"Il Trillo del Diavolo Sconvolge Bagheria" è un progetto narrativo fascinos(ono venti racconti, intricati e intricanti, accatti⋮⋯i, sospesi sul filo sottile della vita, al cospetto di eventi, governati dal destino, a tratti velati di mistero e di visione esoterica.

L'autrice, in Ada, uno dei racconti, si chiede, a mezzo tra lo smarrimento, lo sconcerto e, forse, il tormento, il tormento da cui guarire per sorgere o risorgere:

«Mi sto chiedendo se la vita sia un ritorno a casa o un lasciare temporaneamente la propria casa».

È questo il leitmotiv, il sottile filo rosso, che attraversa l'intera opera della scrittrice palermitana, l'interrogativo profondo che ella si pone sul senso della vita e sulla possibilità, o meno, di poterle dare un "senso veramente": la vita è l'essere dentro di noi? È l'essere fuori di noi? È l'essere pura apparenza dell'essere o una sua malriuscita imitazione? È l'essere del nulla? È l'essere l'insieme, o l'intruglio, di tutte queste cose? È, forse, l'estremo tentativo di viverla nel migliore dei modi possibili in fuga dall'incombente destino?

C'è qualcosa del Verga nell'opera in questione: la Provvidenza, affondata dalla tempesta, emblema della speranza di vita, negata a chiunque, senza distinzione di luogo, di tempo o di casta sociale.

È, dunque, il ciclo dei Vinti che si ripete? È la croce pesante di coloro che, nati alla vita, devono subire il destino di essere sconfitti dalla vita stessa, dalla vita che genera e uccide, che prima dà e poi toglie?

Forse per qualcuno sì. La vita potrebbe anche essere quella strana cosa, quel mostro, che genera la vita, poi la impedisce, la ostacola, la stringe, infine la toglie: si pensi per un attimo al giovane 'Ntoni e a Maruzza; si pensi al giovane 'Ntoni e a Mena; si pensi a Bastianazzo e a Lia; si pensi a Luca e ad Alessi; si pensi a Mastro don Gesualdo e a Bianca Trao; si pensi ai tanti protagonisti di Vita dei campi e delle Novelle rusticane di verghiana memoria.

Protagonista assoluto dell'intero contesto narrativo – senza nulla togliere alle altre, incredibili, figure campeggianti sulla scena – è il linguaggio, che Lin Schiavo Pontalto, come il Verga, sradica dal cuore stesso dell'esistenza, ne dipinge, poi, al par suo, i caratteri, ne elabora i ritmi, ne perfeziona la melodia, ne fa scaturire, così, un codice espressivo, intessuto intorno al lessico, alla grammatica e alla sintassi italiana, che non disdegna di accogliere in sé, in un equilibrato connubio, il sentore della parlata siciliana, carica di straordinari colori e di calori espressivi:

L'autrice, però, quasi contraddicendo il suo grande predecessore, compie il miracolo di ripescare dalle profondità marine la barca di Bastianazzo, la Provvidenza, nel tentativo suo, complesso e non poco sofferto, di potere dare, comunque, un senso alla vita, affidando a ciascun personaggio il compito di cercare dentro se stesso qualcosa a cui potersi aggrappare, un'ancora di speranza, un sogno, o un modo, tutto suo da esplorare: gli esoterici mostri della Villa Palagonia per la protagonista del racconto che dà il titolo al libro; il silenzio per Enrica in "Vita silenziosa"; l'albero del nano per la protagonista del racconto "Cree en ti mismi"; il mare di Scopello per Anneke in "Presi dal Mare"; la casa per Li Causa in "Ristrutturato, Elegante"; il telefono per Marcello in "Bene, grazie, ci si vede"; la Parola per il poeta girovago in "Davanti a un mantello rosa"; il Cobianchi per Ersilia in "Il Cobianchi a Pelermo"; e questo solo per fare alcuni rapidi esempi.

Lin, in proposito, afferma in uno dei suoi racconti più esaltanti:

«*La musica, come sempre, cominciò a cancellare gli spazi certi, quelli fisici, per disegnarne altri!*».

Si potrebbe anche pensare che, quello della scrittrice, è un Verga risvoltato, un Verga di cui coglie, con sapienza, e dovuta saggezza, l'anima del linguaggio siciliano e dell'indubbio dramma del vivere, ma al quale aggiunge una speranza di redenzione, che ai suoi personaggi, tutti sconfitti dal destino, era mancata. Ed Ella, nella sua introduzione afferma:

«*Il libro vuole ritrovare un senso, una ragione alla disfatta, alla resa, alla fine. Il ricorso al sogno, alla vita onirica, al mito, non sono soltanto degli strumenti di ricerca, ma, di fatto, assumono l'importanza di un sistema di vita; una vita diversa per certi aspetti dalla vita reale ma per altri versi l'unica vita possibile che possa permettere di percorrere itinerari inesplorati*».

Lin Schiavo Pontalto nei suoi racconti vede e si vede, nuota con bracciate vigorose, e nel contempo faticose, nel mare profondo, a tratti insondabile, dell'inconscio suo e del mondo che le ruota intorno.

Sì, l'inconscio, l'alter ego di ogni essere vivente, ove trovano il loro raduno i sogni impediti, i sogni inespressi; l'inconscio, il luogo da cui, tramite atti di energica meditazione, forse anche di necessitante ribellione al predeterminante destino, qualche sogno, almeno, si potrebbe trarre fuori, per dare nuovo sapore, colore e vigore alla vita.

In linea con la Prefazione di Stefano Marchesotti, stilata, nell'anno 2012, in occasione della prima edizione del libro, reputo un capolavoro di contenuto e di stile espressivo l'opera di questa grande artista della parola e del pensiero, che, nel contempo, è, lo dico per chi non ne fosse ancora a conoscenza, una poetessa di estrema e coinvolgente finezza.

Antonio Pellegrino

Prefazione alla Silloge poetica

di

Paola De Rosa, Il Canto degli Spiriti Affini,
Lulu Edizioni, 2018

Mi piace evidenziare con i seguenti versi l'input al mio viaggio esplorativo della silloge "il Canto degli Spiriti Affini" di Paola De Rosa:

Seguire il flusso / della tua immaginazione / come fosse di un aquilone / il suo lontano volo / che si perde su nel cielo / lungo il tragitto tracciato / da un vento propizio.

È la incisiva figurazione di un viaggio nell'anima. La poetessa attinge la sua ispirazione alla fonte di una puntigliosa osservazione del mondo dei sentimenti, quello che ruota intorno al suo universo di donna, intrecciato al desiderio di un suo visionario destino, fatto, a volte, di immagini sospese sul filo sottile del pensiero immaginativo, altre volte del sogno vero e proprio, quello generato dal sonno profondo, l'alter ego del luogo della quotidiana ragione, causa quest'ultima, a volte, di immotivate censure, prigione della parte più recondita e intima dell'io.

Seguire i palpiti del tuo cuore / lungo gli attimi cadenzati / di questo tempo / mentre solo in apparenza / intorno tutte le cose cambiano nel fluire ininterrotto / delle stagioni che passano.

È il cuore la misura di tutte le cose, è il cuore la guida più sicura nel proprio viaggio solitario tra le foreste intricate della vita; il cuore, il luogo del proprio deserto, della propria indivisibilità e della propria invisibilità; il cuore il luogo dell'anima solitaria, dell'anima vestita della sua sola diversità, dell'anima abitante unica di se stessa, dell'anima indomabile e irripetibile. È il cuore, il luogo dell'eternità, l'officina dei desideri più avvertiti e degli amori mai accesi (*la struggente dolcezza / di una fiaba infinita / più sognata / che vissuta / in questi attimi / incompiuti di vita*) e di quelli mai spenti; il cuore il deposito dei ricordi capaci di alimentare ogni tempo della propria esistenza fino al suo limite estremo:

Sempre spirerà il vento / a tamponare il mio viso / a divorare nubi insidiose / dal cielo stanco. / Sempre scenderà la pioggia / a dissetare l'arida terra / ancora avida / d' umida zolla.

Il cuore è la speranza che mai soccombe, anche in presenza dei dolori più grandi, è il vento che accarezza, è la pioggia che lava la mente e lo spirito. E la poetessa questo scolpisce con subliminali parole:

Ma presto arriverà / quel giorno / in cui il tempo / raggiungerà il suo senso.

L'amore vero, in effetti, è un amore senza tempo, è il regno degli spiriti affini, è l'oltre il confine del senso comune delle cose. Ritarda i suoi effetti benefici, a volte, ma poi arriva a sanare il dolore, spesso lacerante, dell'assenza, dell'attesa, a tendere la sua mano salvifica all'anima, indomita guerriera:

Ci siamo incontrati / in un sogno, / in un giorno / della bella stagione.

Tutto venga a mancare, dunque, ci sarà pur sempre un sogno a riscaldare il gelo nato dalla solitudine, ci sarà sempre un'ancora di salvataggio, una boa nel mare più profondo a determinare l'ultimo destino, quello che conduce verso i cuori compatibili:

Perché ero proprio io / la tua fonte sorgiva... / e tu la mia.

È così che il sogno di chi ama diventa il medesimo sogno dell'amato, essi sono consustanziati: è una reciprocità di intenti che esplode improvvisa e si libera, come per miracolo, nel regno della luce.

La natura, nella silloge, è, spesso, testimone dei sentimenti umani, essa è vigile agli accadimenti, si fa ascoltatrice dei cuori solitari, ne diventa compagna e sostegno nei momenti di maggiore sconforto, non in rari casi si mette nel ruolo di suggeritrice di indirizzo di vita:

Sempre spirerà il vento; sempre scenderà la pioggia; sempre sarà blu il cielo.

Splendido poi questo imperioso grido della speranza mai doma:

Accarezzami / come leggera goccia / di estiva pioggia / a dissetar la perenne arsura / nel deserto del cuore.

L'universo delle cose è sempre sullo sfondo d'ogni vicenda fino a diventare, a volte, assoluto protagonista, protagonista vivo più e ancora degli esseri umani, che, non in rari casi, appaiono intristiti e spenti, vuoti di se stessi, ciechi al confronto del grande scenario che ruota intorno e regge la vita di ogni essere presente sulla Terra.

Seguire i palpiti del tuo cuore / lungo gli attimi cadenzati / di questo tempo / mentre solo in apparenza / intorno tutte le cose cambiano / nel fluire ininterrotto / delle stagioni che passano.

Le cose sono soggetti attivi dell'esistente, esse sono vive non meno degli individui, agli stessi sopravvivono, evolvendosi in mille e mille modi, e diventano testimoni della loro stessa memoria, empatiche reliquie del tempo:

Siamo quella favola antica /ritornata a sussurrare di sé / all' incanto di cielo e stelle / in un' afosa giornata estiva / nel silenzio del vento e del mare.

Tant'altro ci sarebbe da dire della raffinatezza poetica dell'autrice, della sua forza evocativa, dei temi colti come grappoli d'uva matura un po' di qua e un po' di là nel territorio sconfinato della propria essenza, ma si lascia il resto, il non detto, il non ancora colto, alla curiosità viva del lettore.

Qualche attenzione, però, voglio rivolgere, prima di chiudere, agli aspetti tecnici prevalenti dell'opera. Ritmico e denso di immagini è il fraseggiare in versi brevi e melodiosi, intercalati da ricchezza di metafore e di similitudini, di allitterazioni seminate di qua e di là, frequenti sono gli enjambement, oserei dire la figura retorica messa a fondamento di uno stile evocativo caratterizzato dalla rapidità espressiva, che per nulla ostacola il fluire del ritmo e della melodia. Si vedano le fratture sintattiche nei versi in alcuni esempi che qui fanno seguito:

Seguire la traiettoria / dei tuoi pensieri / come acqua impetuosa / che scorre / con violenza a rompere / di un fiume i suoi argini.

E ancora:

Ti hanno adagiato / su una squallida croce / nudo, miseramente il corpo / oltraggiato, nel cuore vilmente / dileggiato.

Io, qui in veste di prefattore, mi lascio trasportare dall'armonia profonda che scivola attraverso i seguenti versi e ne accarezza con estrema dolcezza la pelle:

I tuoi palpitanti aneliti / d' amore / disperdi / nelle cerulee trasparenze / del mio mare profondo / e aspergi tutt' intorno / ai miei dolci clivi fioriti / incastonati nel sole, / il tuo pungente profumo di zagare e viole, / meraviglioso e unico.

Cadenze, melodia, ritmo, assonanze, ricerca meticolosa e posizionamento strategico delle parole sono elementi fondativi della poetica dell'Autrice, che dipinge con naturalezza immagini che scivolano nell'alveo di versi e strofe sciolti, mai sofferenti di stanchezza o farciti di artificioso vezzo, sempre semplici, spontanei, fluidi, limpidi, ornati di classicità espositiva.

È stato un piacere e un privilegio per me l'essermi potuto trovare al cospetto di versi tanto coinvolgenti, versi che aiutano a vedersi e, poi, a vedere oltre i veli occultanti verità dello spirito, spesso inibite da una miope ragione sociale, verità prigioniere di inconsci mai svelati e rivelati.

Antonio Pellegrino

Prefazione al testo teatrale

di

Luca De Crescenzo, 'Nzuonno,
Centro Stampe Digitali e Grafica, Cerreto Sannita (BN), 2018

'Nzuonn è una commedia nella commedia strutturata intorno a tre Atti il cui filo di continuità è rappresentato dal narratore, che appare costantemente in un angolo del fondo scenico, figura quasi invisibile, emblema della voce stessa dell'anima del tempo:

- Il primo dei due Atti contiene l'Introduzione al sogno del protagonista;

- Il secondo (metafora di una commedia nella commedia), a sua volta dipanantesi attraverso cinque parti, contiene la rievocazione onirica de "La Cantata dei Pastori", di cui il padre del sognatore era stato, attraverso il tempo, regista e, a volte, interprete;

- Il terzo Atto sostituisce alle parti recitate dei due atti precedenti la proiezione su uno schermo, posto sul fondo scenico, di diapositive – accompagnate, in alcuni punti, dal commento del narratore – rievocative di documentazioni storiche sulle origini e sulle diverse rappresentazioni avutesi, nel tempo e nello spazio geografico, de "La Cantata dei

Pastori", il cui contenuto fa da perno ruotante dell'intera vicenda.

La commedia è un gioiello, è incastonato di sentimenti profondi, è una carica infinita di energia affettiva, è un monumento alla memoria sia della ricca tradizione culturale, ambientale, familiare, amicale, che di quella vernacolare in genere.

Breve ma incisiva, è dedicata dall'autore del libretto al padre, don Raffaele De Crescenzo, vale a dire a colui da cui l'Autore si è sentito seminare, sin da bambino, nella mente e nel cuore l'amore per l'arte, per l'arte popolare e per il dialetto napoletano.

Poeta egli stesso, Luca De Crescenzo è autore di una silloge dal titolo Poesie e Prose, Media Press, Puglianello (BN), 2012.

Antonio Pellegrino

Prefazione alla silloge poetica

di

Lin Schiavo Pontalto, La vita è una antica novità,
Lulu editrice, 2019

Il titolo, apparentemente enigmatico, che la Poetessa dà alla sua opera , è, invece, altamente significativo. Il senso recondito si va palesando – di verso in verso, di parola in parola – in un percorso descrittivo del duro calvario attraverso i misteriosi meandri, le ardite stalattiti e le stalagmiti, di quella sconfinata caverna che è l'Essere.

Non credo sia casuale che la silloge si apra con una lirica dedicata al fratello Benny, vale a dire a colui che, nella poetica della Schiavo Pontalto, può essere considerato la metafora per assoluto, il crocevia naturale di grandi tematiche quali: la vita e la morte; il senso e il non senso dell'esistere; il vuoto e il pieno; la significanza e l'insignificanza; la solitudine e la folla; il buio e la luce; la dimenticanza e la memoria. Benny è morto, Benny è evaporato, mescolandosi all'universo, Benny, come nella sua spontanea attitudine al volo, ha travalicato un'altra frontiera dell'essere, del potere essere, o dell'essere nulla, poiché null'altro, oltre il nulla, pare che sarebbe possibile a chi nasce, cresce, e poi muore.

Tutto si è fermato in un attimo

Tutto il tempo si è consumato in un istante, l'istante di un furto, l'istante di un volo, l'istante di un solo battito di ali ferite, l'istante di una morte, della morte di una persona cara, che era apparsa a lei il segno visibile, unico forse, della leggerezza del vivere, del vivere sopra le righe per non rimanerne ingabbiato, prigioniero per sempre. È il tempo crudele di un attimo che porta via tutto quanto il tempo aveva fin lì rappresentato sul suo incerto proscenio. Benny diventa così la rappresentazione dell'agnello sacrificale, dell'Isacco nell'atto estremo dell'essere immolato sull'altare voluto dal destino che chi nasce nel tempo cronologico poi muore in un altro tempo senza fine, l'alfa e l'omega del destino esistenziale, lungo e breve nel contempo:

E come se aprissi le tue ali, / allarghi le braccia per abbracciare il mondo. / Benny, quel mondo incantato se n'è andato via.

Era tutto il mondo di Lei Benni? Sì, egli era il suo "mondo incantato", un mondo fatto di luoghi sempre diversi, di fiondanti fughe per non ripetersi, per trovare sempre cose nuove, nuove sensazioni, emozioni sane, comprensibili, vivibili oltre gli arcani misteri, intessuti ad arte per rendere complicata la vita, un rebus, un dedalico e intricato labirinto. Nel guscio caldo e accogliente di lui Lin trovava quel conforto umano, quella tesa di mano, quella guida amorevole e appassionata, quella forza di resistenza alla vita come in nessuna altra cosa era stato possibile rintracciare, se non l'indifferenza e l'inconsistenza vestite con l'abito da festa di "normali, indistinte, persone", di fatiscenti cose. Era, dunque, il suo Dio, era il suo idolo per assoluto, era colui in cui trovava quelle certezze del poter essere che in lei, più fragile, a volte indifesa, erano assenti o trovavano smarrimento in un vortice incontrollabile.

Non ho il coraggio di dirti quanto io sia stanca / e quanto mi trapassi l'anima / quel rombo infinito di una guerra / che non sarà mai l'ultima.

Ella, che aveva avuto la fugace impressione di potere abbracciare il mondo attraverso un lui che non c'era più, ritrova ora tra le sue mani il vuoto di un orizzonte desertico, irraggiungibile; annusa l'aria stagnante e maleodorante del nulla, ode i rombi assordanti e tenebrosi di una guerra infinita qual è la vita:

Inaffidabile come un mucchio di specchi, / in questo pomeriggio senza sera.

Un "pomeriggio senza sera" equivale a una vita senza speranza, senza futuro possibile. Rimane, dunque, un'unica fonte battesimale per riconciliarsi, in qualche modo, con la dura realtà di una inevitabile morte psichica, la fonte viva del ricordo, del ricordo alimentato dalla poesia; quella del ribaltamento del cammino del tempo verso l'indietro, verso il rientro nel passato, là ove sono poste le vere radici di ogni cosa, là ove la vita, anche se fatta di simulacri, può attingere ancora ad attimi di respiro:

E io scrivo la muta rabbia dei Titani traditi dagli Dei.

e ancora:

quella tonnara abbandonata / mi ha riportato indietro / in altre vite.

Sì, indietro, verso vite già state, per potersi sentire eterni sia pure tra ombre fatte di pensieri, di memorie e di parole sommate in versi fino a condurla al canto, sia pure a un triste canto, a un canto edificato su celebrazioni di assenze.

Facemmo il nostro giro di giostra / alla fine del giorno / dopo aver volato in alto sulla ruota /e aver tirato con i fucili sulle bambole di stoffa. / Adesso è tutto in ordine / tutto negli scaffali al loro posto.

Un pensiero irremovibile, tra gli altri, è quello per la madre che spesso appare, e non come comparsa, nei suoi versi:

Un silenzio sospeso, squadrato, / limato. /
Intagliato / con le piccole forbici da ricamo, / di
nonna, di mamma, di zia. / Un silenzio ricamato.
Un silenzio su tela.

Quello che ella descrive, quel dolore che le sanguina
sulla pelle e che le fa vibrare il cuore – spezzato
come in mille fragilissimi pezzetti di cristallo – non
è il dolore suo, è invece, il dolore del mondo, del suo
destino funereo, che gli è cucito addosso e che ella
legge in ogni singola pietra, in ogni fetta di cielo, in
ogni pezzetto di mare o di qualsiasi altra cosa,
impastata di polvere, che sulla terra abbia trovato un
dì, non per sua decisione, alloggiamento;

Il puparo tuona il suo invito / da dietro il tendone
sdrucito: / "Onorateci e compatiteci".

La Poetessa, in questa pregevole opera, pensa, forse,
alla irreversibile finitezza del tempo se lo si guarda
in avanti, ed alla sua possibile eternità se lo si
guarda all'indietro, vale a dire se lo si guarda nella
direzione che l'uomo, lei stessa e il mondo tutto,
hanno già vissuto. La rinascita, l'unica credibile
lievitazione in altra o in altre esistenze, è contenuta
nei ricordi di un tempo che non ha mai termine: il
passato, è "l'ara sacra" su cui potere celebrare
l'unico destino di futuro concedibile all'uomo; è il
sepolcro della resurrezione su cui elevare perenni
litanie su quanto di lui era stato.

107

Così veniva fuori un'entità distinta, / l'anima delle cose, che mi catturava / e si conservava nel tempo dentro me. / Una musica.

La punteggiatura è rara, le parole scorrono da sole libere, bisognose di alcuna guida a ingabbiarne il percorso; la punteggiatura, dunque, emblema essa stessa di un tempo che scorre e corre, che non si arresta di fronte a nulla fino al compimento della sua stessa dissoluzione: estinzione di se stesso, o ritorno a se stesso come se si fosse in un inarrestabile rewind? I versi sono sciolti e, nello stesso tempo, ritmici, melodici, le singole parole suonano ciascuna di se stessa e armonizzano tra di loro, non sono poste a caso, infatti enjambement e allitterazioni, nonché assonanze e dissonanze, attraversano l'intero percorso lirico dell'autrice, che "si ausculta dall'interno", capta e decripta le proprie sonorità e ne trasmette l'eco a chi legge in maniera fedele, senza arzigogoli e artifici manieristici.

E' andato via un pomeriggio / che non c'era né sole né pioggia / né odio né amore tra i passanti frettolosi, / né luce né buio, né disperazione né gioia, / non c'era niente, / era un vuoto assoluto.

In quel ripetitivo "né" sono annidati l'eco interiore e il senso intangibile di ogni cosa.

Non sono infrequenti versi "rotti", costituiti di una sola parola, come a voler sospendere il ritmo, raccoglierlo in una sola emissione di fiato, e pilotare l'attenzione su una particolare valenza evocativa presente nel cuore della poetessa, come nel caso che segue:

> *La tua casa sull'albero.*
> *Giocavi.*

O come in questo altro caso, per evidenziarne in questo contesto solo alcuni, scelti a caso tra i tanti che attraversano l'intero percorso:

> *Rovinati dal tempo e dalla fretta,*
> *poveretta.*

Le metafore sono frequenti, si vestono di arguti elementi di trasfigurazione del proprio dolore e del proprio viaggio esistenziale. Sono frequenti i ricorsi a elementi paesaggistici e urbanistici, architettonici che viaggiano come fantasmi nella vita dell'autrice, quasi essi fossero una sua vita parallela, quasi essi fossero degli interrogativi, a volte angosciosi, sul senso dell'essere e dell'esistere, sugli arcani miti che governano e sgovernano la vita di ciascuno e ne rendono difficoltoso, spesso alchemico, il cammino:

Metti al loro posto di sempre gli Amanti indecisi / e fa che il Carro di Alessandro non si spezzi in due / seminando il terrore su questo tavolo tondo, / sulle mie e le tue mani / che indifferenti mescolano la vita in un secondo.

È come se aleggiasse il fiato pesante della scomoda sensazione che il destino nostro non dipenda da noi stessi, ma da mano occulta, o da dei bizzarri, o da un Dio che mai si vede, né si sente, che si nasconde pavido, o che non esiste, una pura invenzione Egli, di antiche credenze di arcaiche leggende, di miti infragiliti e rotti dal tempo. E qui mi piace ripetere dei versi già prima, per altra ragione, menzionati:

Il puparo tuona il suo invito / da dietro il tendone sdrucito: / "Onorateci e compatiteci".

E ancora uno splendido frammento di autentica poesia:

Quelle isole che guardi al mattino / non sono più rifugio di sirene.

Ma, lei, come sirena continua il suo canto, il suo lungo viaggio nel cuore suo e del tutto, un viaggio spesso faticoso ma necessario per dare un senso a se stessa tra i tanti non sensi, tra le tante assurdità della vita diventata un vero e proprio scheletrico deserto di un essere umano smarrito, sospeso nel vuoto come un abile acrobata su una malsicura asse d'equilibrio.

E' marcito il grano in quei paesi lontani / e gli uccelli sono andati via disperati. / Noi qui, guardiamo ancora il mare. / Tu cucini un piatto alle spezie / e io scrivo la muta rabbia dei Titani traditi dagli Dei.

Ed io aggiungerei: la "muta rabbia" degli uomini traditi dagli dei e dalla loro falsa promessa di sogni di grandezza; la "muta rabbia" degli uomini sempre in cerca di una terra promessa della quale si sposta sempre più avanti l'orizzonte fino a diventare impenetrabile, irraggiungibile.

Allora, i più arditi, come Lin è, i meno arrendevoli, i meno disponibili a morire nel nulla, volgono le spalle al sogno e puntano lo sguardo verso ciò che è stato e che ha il potere di rimanere fissato nel cuore e nella mente per sempre, un modo questo che l'uomo inventa per se stesso per liberarsi dalla paura della morte e per rendersi eterno, rinato in un passato che è lo scrigno segreto del suo vero futuro, il luogo, dunque, della sua liberazione, della sua – questa sì titanica – ribellione ai fatali destini.

Antonio Pellegrino

111

Prefazione al romanzo

di

Lin Schiavo Pontalto, Zyz, Lulu editrice, 2019

L'intera vicenda dell'intensa e coinvolgente narrazione ha il sapore di un profondo sguardo esplorativo, aperto, contemporaneamente, su un tempo remo-
to e su quello presente. Si svolge in un solo giorno,
preso a simbolo, forse, di tanti altri giorni taciuti. I
fili conduttori dell'intricato e appassionante racconto
sono:

- Zyz, emblema del luogo di vita dell'uomo, del
  suo inferno, ma anche del suo possibile paradiso;
- Taaut, il genio della poesia, rappresentazione dello spirito interiore della scrittrice, della sua vena
  evocatrice, che la spinge oltre gli ostacoli della
  quotidiana esistenza;

- Una donna che, da un certo punto in poi, l'autrice chiama madre. È infelice perché si rifiuta di morire della morte cui Dio ha destinato l'umanità;
- Una madre e un figlio uniti, dopo diverse peripezie, nell'abbraccio finale di cielo e terra:
- Il Puer, Federico II°, che fa da trait-d'union tra i protagonisti e i diversi risvolti dell'intera vicenda;
- l'Autrice stessa, la prima delle tre voci narranti, che si mescola al tutto, plasmandosi del tutto, tanto da diventare ella stessa l'erede e il custode del messaggio del Puer Apuliae, della sua vittoria sulla morte e della sua grande, storica, tradizione di pensiero.
- Una voce popolare antica, nel testo evidenziata dalle virgolette e dal corsivo, che commenta, nella stessa maniera di un "coro", le gesta del Puer;

Per iniziare il cammino attraverso questo prezioso scrigno di aulici concetti, intessuti ad arte in ricami di parole, così, lapidariamente, afferma, in un passaggio del suo romanzo, Lin Schiavo Pontalto:

«Morirò oggi o forse sono morta ieri, chi può dirlo? Io muoio e rinasco. Si ricompattano le mie ceneri con le ceneri della mia città fino a che i mucchietti riprendono le ossa e le case e gli alberi e le stelle».

Come Dante attraverso i regni dell'oltretomba, come Ulisse attraverso i flutti vorticosi del mare, come l'impavido Enea volto verso gli italici lidi, come Mosè nel rocambolesco attraversamento del Mar Rosso spinto verso la Terra Promessa, il romanzo della Schiavo, per certi aspetti insolito sia per struttura che per contenuto, è un viaggio a volte onirico, altre volte esoterico, altre volte ancora allucinante, nella città di Zyz, nome antico dell'odierna Palermo.

«La veste rimboccata sulle cosce umide, puttana e regina, più che divina, più che piena di grazia. Svilita, disperata e percossa. Quella che nessuno sa più come prendere o capire. Quella che muore e rinasce e partorisce figliuoli sottili, piccole canaglie e generosi eroi, i nuovi Normanni biondi come il sole e i nuovi Berberi, neri come la pece, gli uni e gli altri dall'amara sorte».

È un doppio percorso nello spazio urbano e nei complicati anfratti della propria anima. È un viaggio alla ricerca del senso della storia e della vita che, spesso, nascondono se stesse attraverso le pieghe misteriose degli eventi. È uno sguardo, a volte smarrito, nei risvolti complessi del tempo che tutto produce, tutto macina e rimacina, e tutto occulta, infine, al di sotto di un triste e accomodante mucchio di polvere, in nome di un Dio che tutto crea e tutto distrugge.

«In questa stanza, in questo letto, il ricambio del

117

tempo è una doppia tenda a tulipani rossi piantata al centro della mia infeconda rivolta. Il viaggiatore iniziato non tarderebbe a scorgere delle ombre perverse dentro questo delizioso quadretto che trasuda pietose e delicate insoddisfazioni estetiche».

La cornice di sfondo degli eventi narrati è il tempo di Federico II°, il Puer Apuliae, che l'Autrice prende a modello del suo stesso destino, un destino intriso di misterica magia, che si fa emblema del difficile cammino dell'uomo nella vita, che si fa crocevia dell'inferno e, nel contempo, del paradiso. Sì anche del paradiso per chi fosse capace di riuscire nell'impresa ardita di allungare lo sguardo oltre le cose immediatamente visibili.

Ma – ci si chiede – è davvero nelle possibilità dell'uomo comune un'impresa titanica tanto da trovare la vita oltre la vita, fare vita della morte, come morte spesso, invece, è la vita?

«La purificazione si compie nel silenzio
che avanza da ogni parte dell'universo
per culminare qui, a Zyz,
dove, nell'angolo più buio,
Sotér freneticamente calcola
a che distanza sia il cielo dal suo palazzo *d'oro».*

È Federico l'evento annunciato, è il Sotér, è il liberatore, è colui che è venuto per guidare i popoli verso la cultura e verso la sapienza, verso la sconfitta del buio e del male, è l'angelo protettore. È dai suoi nemici ritenuto l'anticristo, è combattuto dalla Chiesa e da tutti, ma è capace di prevalere su tutti e risorgere rispetto a tutti. Federico è colui che vive e non vive, è colui che è capace di sconfiggere Thanatos[9], di fare della morte la vita.

Il romanzo è un intricato e complicato esempio di visione speculare: l'esterno storico e l'interno psicologico, due mondi diversi e paralleli; la città dell'uomo e l'Io della protagonista. È a mezzo tra l'esoterico e l'onirico, mescolati a frammenti di realtà, e sullo sfondo il tempo e lo spazio, analizzati con lente multidimensionale in cui la quarta delle dimensioni la fa da padrone e da sovrano assoluto, un sovrano che è giudice feroce di tutto quanto la vita e la storia, le culture, le politiche e le religioni producono, fino a rendere l'uomo larva di se stesso, vittima immolata e, nel migliore dei casi, sempre schiavo di qualcuno o di qualcosa.

Tra quelli che vivono e poi muoiono, qualcuno solamente – come già Federico – rinasce per completare un proprio cammino di salvezza in una umanità fatiscente, ripiegata su se stessa, indolente del suo stesso magro esistere. Il tema della vita e della morte è dominante nella scrittura della Schiavo Pontalto, campeggia sullo sfondo e appare attraverso

---

[9] Personificazione della morte nella mitologia greca.

ogni piega, attraverso ogni singola parola. Per pochi è ripetibile il destino di Federico II, per cui la vita rinasceva dalla morte stessa, destinato egli all'universale compimento della rivoluzione dei grandi cambiamenti, etici e politici, economici e religiosi, all'insegna del grande tema della salvezza.

Emblema del destino doloroso e peregrinante dell'uomo, del suo vero inferno, è Zyz, primitiva culla, radice, dell'odierna Palermo, la città in cui egli, Federico, come anche l'Autrice del libro, si ritrovano a vivere:

«Zyz è il Nulla nell'aberrata fede che mulinella le voci dei cantanti castrati alla marina».

Ecco come essa mostra se stessa a chi vi si trova a vivere o a morire:

«Ventitré rintocchi alla Catena, il cielo è ancora di zinco lucido, mentre le sfere chiare e brillanti dell'energia sottile, percuotono l'aria immota alzando suoni di tamburo. Fuori dalla mia finestra Zyz s'accoscia, accoppiandosi distrattamente con chiunque dica d'amarla. Sullo zinco scuro del cielo passano sette nuvole verdi come sette annegati senza pace. La risata bizzarra di una vecchia mi fa star male. Non mi sento più donna ma eunuco allargato a macchia sul soffitto. Dalla piazza vicina, arrivano pezzi di parole, musiche e canzoni col volume a manetta».

Zyz altro non è che il mondo del non-senso del senso, è il luogo del sonno perenne. Essa qui diventa il simbolo dei luoghi dell'uomo e del modo allucinante di vita che egli vi conduce. Essa pone il limite di se stessa nel suo stesso tempo, e negli uomini che ebbero l'avventura di viverci e di morirvi.

È la prefigurazione di quanto ogni città dell'uomo è destinata a essere in ogni luogo e in ogni tempo?

Zyz ha il cancro della morte entro il suo grembo e di ogni altra cosa che dal suo utero venga poi alla vita con il destino randagio di non riuscire a fermare il tempo fino a pilotarlo verso il luogo in cui tutto diventa eterno.

Così ancora si legge tra le righe del romanzo:

«*Questo è il luogo della divagazione. Questo è il terreno incolto del senso. Qui l'enigma. Qui l'aporìa. "E' morto il mondo dei nostri sensi desti e quello che sentiamo è solo sonno*».

A Zyz si lotta quotidianamente contro le Parche[10] nemiche, al cospetto di cose già morte o pronte a morire. Destinate a morire?

---

[10] Divinità personificanti la morte nella mitologia romana, emule delle Moire nella mitologia greca.
[3] Divinità emule delle romane Parche nella mitologia greca.

«Nessuno dovrà mai capire che in realtà non viviamo. Ma tutti, prima o poi, si allontaneranno da noi. Sentiranno il profumo del cimitero in fiore esalare dalla nostra pelle. La malva e il geranio li prenderanno alla gola, fracasseranno il loro petto, e loro andranno via».

Il respiro delle Moire[11], dunque, è il sovrano vero di una città ripiegata su se stessa, morta senza neppure averne avvertenza, quasi fosse vita la morte e la morte vita, insomma il nulla fattosi vita.

Ma sarebbe veramente nell'ordine possibile delle cose vincere la battaglia contro il "fatal destino" che Dio ha preconfezionato, sin dalla nascita, per le città dell'uomo, per i suoi stessi figli, per i frutti privilegiati del suo atto creativo? Dio è, allora, colui che dà e che toglie, che crea e distrugge? Arriverà, poi, un liberatore, un Soter, un colui che possa sciogliere le catene del male, del peccato che rende l'uomo schiavo prima di se stesso e poi degli altri e delle cose? In realtà di figure eroiche e messaggere di libertà la storia ne ha prodotte, sono note, la scrittrice stessa ne fa memoria nell'epilogo, ma poi si sono estinte e il male è ritornato a serpeggiare e a farle da padrone incontrastato.

Tra gli altri[12] – forse più ricordati in quanto tali – Federico II, il Puer Apuliae, il sommo sovrano dei popoli, ma an-

---

[12] I Profeti biblici, Siddharta, Gesù, Maometto, ecc.

che l'amante della cultura e delle arti, dei filosofi e dei poeti, dei portatori di parola e di messaggi di pace e di redenzione, di recupero dello spirito assopito delle genti. Federico, il "princeps", il definito da alcuni un angelo da altri un anticristo, un sovvertitore di sistemi e di poteri politici e religiosi, consolidatisi attraverso i secoli e diventati padroni di ogni cosa, inibitori degli spiriti nati un dì destinati ad essere liberi, sovrani di se stessi, del loro regno interiore, cosa unica e irripetibile per ogni individuo che venga al mondo.

«...Poiché transitoria è l'umana natura, noi, Federico, per grazia di Dio imperatore dei Romani, re di Gerusalemme e di Sicilia, in pieno possesso della favella e delle facoltà mentali, malato nel corpo ma lucidamente responsabile, intendiamo provvedere al bene della nostra anima e disporre del regno e delle terre e di ciò su cui ancora regniamo, anche se già siamo usciti dalla terrena esistenza».

C'è a Zyz, adagiata nel suo letto, prigioniera del medesimo, una donna che vive, in simbiosi con la città, una lunga agonia, senza fine possibile.

«Sul tetto della mia stanza si disegnano gli itinerari della mia esistenza, i rifiuti netti, i progetti mai nati, le idee fantastiche e la scrittura e i versi alieni, i miei ritorni alle vite passate. Così, leggermente ho vissuto e di conseguenza quasi non ho ricordi».

Ella è:

«*Nel mezzo di flutti vorticosi, ancorata a un tronco vagante resiste alla tempesta, cercando ancora la salvezza e sperando in se stessa*».

Continua a sperare in un Dio che "appare" latitante; è, alla ricerca della "*immortalità federiciana*"; è alla ricerca della "*non-morte*". E pare che urli a se stessa;

«*Non voglio morire adesso, non voglio morire della solita morte cui il buon Dio ci ha destinati*».

Ci si chiede, allora, di quale morte ella desidererebbe estinguere la propria vita. Nell'attesa di un responso in proposito, posta nel luogo della disperazione, la donna è in compagnia di Taaut, uno spirito amico prima ancora che un dio, un liberatore dell'anima individuale prima ancora che di quella collettiva e della travagliatissima storia delle genti. Di lui ella dice:

«*Mi guarda pietoso, ne sono certa. Lui conforta e lui sostiene la mia storia da raccontare. Lui è amorevole e conosce l'arte del silenzio. E nei suoi silenzi io ascolto in profondità la sua parola [...] ai piedi del mio letto veglia il mio corpo vuoto [...] stende se stesso su di me, avvolgendomi per sottrarmi agli occhi maligni di quel tempo contrario ad ogni cosa*».

E intanto:

«Tutto è stato fatto sul mio corpo mutilato lasciandovi soltanto sensazioni più o meno piacevoli o dolorose. La realtà mi sfugge perché non so accettarla. Ecco perché non ho mai provato grandi passioni come l'amore per un mio simile, per la patria, per Dio. Tutto sommato, una vita disperata. Di una trascurata disperazione. In questa città che confonde Dei e Demoni».

E, non volendo piegarsi al destino feroce di evaporare, indistinta, nella nube tossica della "solita morte di Dio", emula dell'immortale Puer Apuliae, prepara per se stessa l'altro modo dell'estinguersi, quello che non nega la vita, allora, con un becco rotto di rondine, uccide Zyz, e poi, squarciandosi il cuore, se stessa, per redimere entrambe dal destino della prescritta sconfitta. Dalla terra un dì partorita si unisce, così, al cielo in un'unica sostanza per un eterno connubio:

«Sto morendo per nascere ancora, tra i principi della Terra, il sommo del mondo, il miracoloso muratore».

Il punto di riferimento dell'immortalità è nella convinzione che:

Le vrai, c'est le centre. / Le reste est apparence ou bruit. / Cherchons le lion, et non l'antre ; / Allons où l'œil fixe reluit.

È come affermare che solamente l'individuo che vive nella coscienza di se stesso, vale a dire nella scienza di sé e nella guida consapevole del proprio destino, solamente l'individuo libero nello spirito, sovrano della propria anima e dei propri atti, è degno di diventare in prima persona testimone di eternità tramite la sua stessa morte, l'atto estremo della redenzione della vita e della sua proiezione in un'altra vita ancora.

L'assenza nel testo – se si escludono il prologo e l'epilogo – di giustificazione delle pagine e di interlinea tra i righi, questi ultimi sempre diversi, sono voluti, rispondono ai ritmi di scrittura dell'Autrice, tengono conto delle pause evocative e della particolare "anarchica-armonia" che le giunge all'orecchio, e che parte dallo spirito suo interiore, separato dal dissacrante rumore che viene da fuori, da un mondo incomprensibile che continua a tradire se stesso e tutto quanto contiene, un mondo che rinuncia quotidianamente alla resurrezione annunciata dal grido disperato di eroi solitari e di profeti, di filosofi e di poeti, e che, languido e arrendevole, si adagia in un sonno profondo che è già inferno.

«Il sapore delle mele cotte nell'acqua e zucchero
mi dà un po' di vigore.
Ricordo le gole d'erba e l'odore di Drago
sudato per le furiose corse.
Quest'acqua dolce ha il sapore delle labbra di Piero
e delle mani di Taddeo.
Il grande chierico ha indossato il saio grigio.
Berardo gli unge la gola».

Quello della Lin Schiavo Pontalto è un linguaggio aulico, ricercato, e, nel contempo spezzato, fatto di segmenti, di finestre di immagini, quasi fossero l'una indipendente dall'altra, eppure misteriosamente unite da un unico afflato evocativo, tese alla rivelazione di un unico progetto, quello di svelare l'uomo a se stesso nel suo tormentato cammino esistenziale, e di rivelarne la scintilla divina che in lui, sia pure mimetizzata, sin dall'inizio alberga.

«Chiudo i pugni attorno ai pollici e divento gomma da masticare. / Poi i pugni lievitano centuplicando il loro volume e dentro c'è la stanza, ci sono io e il mio / letto mentre dentro i pollici pulsano come pulsa il cuore del mondo».

Il lavoro di Lin accoglie in sé qualcosa di prezioso, prosa[13] e versi armonicamente si alternano, si rincorrono in una gara di ritmi che si spezzano e, poi, si ricompongono. L'intento è di risvegliare nel lettore "il tempo del tempo nascosto", il tempo proprio assopito o rubato e, spesso, irreversibilmente perduto.

Non credo di esagerare se affermo che splendido è l'epilogo, il terzo atto, che chiude il sipario dell'intera narrazione[14], è incisivo ed esplicativo, è la

---

[13] Anche essa poesia allo stato puro.
[14] Prologo, sviluppo, epilogo.

cerniera "decriptante" l'intero contenuto di un'opera, che mi vede tuttora incerto se definirla semplicemente un "romanzo" o, di più ancora, un piccolo-grande "poema".

Rivolgo, ora, l'invito al potenziale lettore di accostarsi con saggia intenzione meditativa a uno scritto che va oltre il comune modo di dire e di dirsi, valica i confini – che potrebbero apparire a chiunque mete impossibili – del comunicare la "verità".

È stato un piacere profondo per me avere potuto stilare queste note di prefazione, destinate a un gioiello letterario così delicato sia nello stile narrativo che nel contenuto. Di questo sono sinceramente grato all'Autrice.

Antonio Pellegrino

Prefazione al romanzo

di

Lin Schiavo Pontalto
Le zagare di largo dei Fenici, Lulu editrice, 2019

Apro la mia prefazione con un frammento che, oltre che dare il titolo al romanzo, rappresenta un vero e proprio leitmotiv, un profumo, che irrora di sé gli intricati sentieri dell'intera narrazione:

"Il profumo delle zagare del Largo dei Fenici mi raggiunge a onde larghe e mi annega in un torpore tiepido e leggero, tanto che per qualche ora ho l'impressione di aver riacquistato la salute"

Definire prezioso il lavoro di Lin Schiavo Pontalto non è cosa esagerata, tantomeno l'aggettivo "prezioso" è abusato o una cosa rubata.

Le Zagare di Largo dei Fenici è un romanzo corale, è l'epopea di una famiglia nobiliare siciliana, filtrata dai ricordi di una fanciulla, e poi adolescente, con sullo sfondo la Palermo, e le sue prossimità, dell'epoca compresa tra gli anni 50' e 60' con rewind su momenti precedenti del secolo ventesimo e con tutto il corredo di simboli e di tradizioni, di luci e di ombre, di drammi e di laceranti contraddizioni. Tutto quello che viene dopo per l'autrice è non-tempo, non-storia.

Elisabetta, raccontata dalla scrittrice, dopo un loro casuale incontro sul porticciolo di Campofranco, è la protagonista dell'intera vicenda, è il crocevia, è il punto di congiunzione dell'universo umano, e non, che si vede intorno; è il coagulo di personaggi e di paesaggi, di tempi e di luoghi, di sentimenti e di emozioni, di improvvise illuminazioni e di cadute, a volte precipitose e irreversibili.

Le fa da contorno – nei suoi primi quattordici anni, qui considerati – una miriade di personaggi, veri e propri emblemi della storia e delle tipologie umane. Alcuni sono più defilati, appaiono, scompaiono, appaiono di nuovo; altri sono più presenti, coprotagonisti, ma ciascuno, a suo modo, contribuisce a comporre quel grande e misterioso mosaico che è la vita, sia essa accettata o subita, patita o gioita, tollerata o respinta:

Il padre Ori, è una meteora per lei, nessun ricordo la lega a lui, se non attraverso i racconti dei parenti. Era morto prematuramente quando lei era da poco venuta al mondo, risentendo, per il seguito dell'assenza:

"Quando indugiavo a guardare le figure lievitare dal pavimento, svolgendosi come una pergamena arrotolata, il cuore cominciava a perdere colpi, il sangue abbandonava la sua corsa al cervello e si arenava qui e là nel mio piccolo corpo fragile, sicché mi sentivo svenire. Ma restavo là. Una volta capitò di vedere lievitare mio papà Ori. Bello e giovane, con gli occhi ambrati, lunghi, un po' all'ingiù.";

La madre Fedora, figura ingombrante, a suo modo gigantesca, sicuramente diversa dal modo comune di essere, orafa e anche concertista, autoritaria e dolce nello stesso tempo, perde il marito in età ancora giovane, aveva quarant'anni: era una donna calda, ap-

133

passionata, piena di voglie, di desideri, di scoperte. Questo Elisabetta ricorda, tra l'altro, di lei:

"Le piaceva rubare alla natura, sottrarre bellezza ad una che ne aveva a iosa, condividere forzatamente la sua ricchezza, farle quasi uno sfregio, non so. Era ingombrante maman, uscivo poco con lei, ma quando questo succedeva era un parlottare continuo, un alzare la voce per un nonnulla, un farsi guardare dalla gente, un parlare con chiunque le capitasse a tiro. Maman non conosceva il valore e il senso della riservatezza":

Figura vulcanica e, nel contempo, altera, Fedora fa da nutrice e da guida a Elisabetta, a sua volta carattere non meno complesso della madre. Della figlia, a modo suo, la nobildonna contribuisce non poco a incentivare l'amore per la lettura sin da subito, sollecitandone gli interessi e non lesinando in mezzi, seguendola da vicino negli studi e facendola seguire nelle occasioni di assenza della ragazza, anche per lunghi tempi, dalla scuola, a causa di una sua misteriosa malattia, mai meglio identificata e definita dai medici e dalla medicina:

"La bambina fa festa solo alla carta scritta. E' un tantino fissata, ma voi la conoscete ..., comprate, se volete, libri adatti ad una ventenne, altrimenti li cestina. Ha letto di tutto da quando suo fratello le ha insegnato a leggere, aveva soltanto quattro anni! Se

*proprio volete farle piacere, orientatevi verso i
classici americani e inglesi, tradotti in italiano,
certamente. Grazie a tutti";*

Ella, che appare, a volte, dispersiva, carica di
impegni di diversa natura e di preoccupazioni,
possiede una esatta visione della piccola Elisabetta,
che è avviata alla lettura e alla scrittura dal fratello
Manfredi a partire dai suoi quattro anni;

Zia Annina, poi, la sua fata fedele e premurosa,
attenta e giudiziosa, così appare alla bambina che se
ne sente seguita e protetta, coccolata nei momenti più
difficili, le mancherà quando il loro rapporto subirà
una drastica interruzione della quale la ragazza
affiderà la responsabilità alla madre e al fratello
Manfredi:

*"Zia Annina, si affezionò a me, poco alla volta, ma il
suo affetto si traduceva nel prendermi in braccio per
cantarmi vecchie canzoni napoletane o inni sacri, al
fine di farmi addormentare. Poco alla volta, anch'io
mi abituai a lei, al suo odore di cipolla e aglio
mescolato alla cipria e al profumo Contessa Azzurra,
usato anche da nonna Malìna";*

Straordinarie sono le descrizioni, a volte brevi e
incisive, di alcuni personaggi, come per esempio
della nonna Pandolfina, la madre del padre Ori, di
Ada e Celeste, che, di tanto in tanto, a distanze

lunghe di tempo vede, e del palazzo in cui la nobildonna vive:

"L'ambiente in cui viveva nonna Pandolfina era vago, rarefatto come un dormiveglia inconsistente, lieve, come un acquarello fatto bene, con pennellate sicure e veloci, trasparenze pulite, ombre e le luci volute, cercate; eppure rimaneva astratto, non definito, vagamente mostrato. Era sospeso. [...] Nonna Pandolfina stessa era un acquarello appena sbiadito, c'era e non c'era, appariva e spariva, ogni cosa intorno a lei mi faceva sentire sulla lingua un sapore antico e conosciuto, il sapore di mio padre";

Dello zio Fofò, personaggio, a volte anacronistico e sopra le righe, nostalgico del fascismo di cui conserva religiosamente cimeli. Di lui, che nel romanzo appare e scompare con frequenza, tra l'altro si dice:

"Fofò amava comandare e, per estensione, anche picchiare chi contravvenisse ad un suo preciso ordine. Zia Sara, alle volte, ne aveva fatto le spese. Irascibile e presuntuoso, conservava, con sacralità riverente, il fez fascista e il manganello dentro la cassapanca in noce scura del '600, che stava, come una bara da morto, ai piedi del suo letto matrimoniale";

Della signora Tilde, moglie dal fascino velato, del sordo e intontito Toto, osserva con limpidezza descrittiva, i caratteri interiori ed esteriori, mettendo in rilievo, della rassegnata donna, la tacita rassegnazione alla sua condizione esistenziale, mentre conserva la memoria di altri tempi e di altri luoghi:

"La signora Tilde portava, perenne, un lacrima rappresa, un velo di nostalgia, per quel luogo splendido che aveva lasciato appena nata e mai più ritrovato fin lì. [...]Non nascondeva affatto la sua sensualità prepotente, Tilde, anzi, metteva in evidenza ogni curva del suo corpo ben fatto, magari un tantino appesantito dai suoi sessantasette anni. Vestiva sempre di nero, per un lutto mai smesso o per civetteria, i suoi occhi non erano color dell'acqua stagnante, come quelli della sorella Carla, ma d'un celeste acqua marina, sognanti, mai completamente aperti, Per riequilibrare le cose, Tilde teneva sempre dischiuse le labbra, quasi come volesse dire parola ma poi ci ripensasse e preferisse tacere";

Della signorina Grassia, grande amica della madre Fedora, tanto per citare un altro tra i numerosi personaggi, che danno vita a quel grande palcoscenico che è il romanzo, a un certo punto si dice:

"La signorina Grassìa sta quasi sempre con noi a seguire i lavori. E' contenta a metà. C'è qualcosa che la turba, lo capisco dal suo sguardo obliquo, a volte persino sfuggente";

Emblematica è Celine, considerata da Isabella alla stregua di una sua madre putativa. Struggente è il ricordo del suo primo amore:

"Per Celine il suo amore rimase anche l'ultimo, fino alla fine dei suoi giorni. Ebbe altre storie, tante storie brevi e senza importanza, pensava di non trovare più un marito, quando incontrò Damien, molto più giovane di lei, artista girovago, cittadino del mondo. Furono amanti per un trentennio; lui morì ancora giovane e Celine gli sopravvisse vent'anni e più. I suoi occhi, però, sorridevano e lei tirava fuori la lingua per l'emozione, soltanto quando sentiva il nome del suo primo, unico, infelice amore";

A rendere più caldo l'ambiente di vita di Isabella, a ravvivarne le vicende quotidiane, le famiglie Yldirim e De Lollis:

"Yildirim, abitavano al primo piano, dove nonostante fossero mezzo poveri, c'era sempre aria di festa. Anche per me era festa quando, raramente, zia mi portava giù con lei. In quella casa ci abitavano due famiglie, gli Yildirim, appunto, e i De Lollis. I primi, zii e cugini di Sara, stavano bene economicamente; i secondi, madre e fratelli di zia, stavano messi proprio male. Così che il risultato finale, era di mezza povertà per tutti loro".

138

Dello Zio Fred, figura emblematica, e di Eugenio, il primo grande amore, per non dire una pietra miliare nella vita di una Elisabetta adolescente, si dirà in altre successive parti di questa prefazione. Ma tanti altri sarebbero i personaggi da mettere in luce, che il lettore avrà modo di scoprire leggendo nelle pagine di un romanzo davvero bello, avvincente, profondo nelle analisi e nelle descrizioni, implacabile nell'indagine che l'autrice fa relativamente al senso da dare alla vita, sempre che la vita ne possa avere uno di senso.

Nello scritto di Lin ci si pone domande radicali sul come e sul perché della nascita, sul libero arbitrio dell'esserci e del non esserci, sul senso occulto e mistificante della vita e della morte, della "finitude" e dell'infinitudine o presunta eternità dell'essere, se si preferisce dire così. Le stesse domande si pone, con frequenza, la protagonista, a volte in maniera palese, secca, rabbiosa quasi, altre volte in maniera non verbosa, velata, silente. Le stesse domande, si ha speranza, che sia indotto a porsi il lettore scorrendo con il dovuto garbo il testo.

Elisabetta vive di pensiero, è nel luogo del pensiero. Nel logos del suo stesso soma costruisce la sua vita,

è abitante di una bolla, che diventa la maschera di di-
fesa dal mondo esterno e principio della costruzione
della sua eternità possibile, se affidata a se stessa e al
suo modo di intendere i rapporti e le relazioni. È solo
così che le si rende possibile accettare di esistere, avvolta in un palloncino, sospeso nell'aria, come quelli
che la donna "di fuori" lega alle ringhiere di casa e
dei caseggiati vicini, provocando, nel contempo ri-
pulsa e accettazione per un modo di "essere diversi"
che pochi dei vicini sono in grado di comprendere:

*"Sulla ringhiera che correva in tondo sul cortile,
una donna anziana dal viso stanco, aveva legato
dei palloncini rossi. Le comari, a turno, avevano
sempre cercato di carpire il suo segreto. Un pomeriggio d'autunno, morendo di curiosità, l'affrontaro-
no e le fecero un vero e proprio interrogatorio poli-
ziesco."*

L'immagine per certi aspetti surreale della donna con
i palloncini fa aleggiare nell'aria pregiudizievoli so-
spetti, al punto che, un bel giorno la donna, senten-
dosi osservata in maniera obliqua, viscida e tacita-
mente giudicata, va via con le sue bambine:

"Da quel momento, per le comari del cortile tondo, la signora anziana, dal viso stanco, era una "donna di fuori" un po' bizzarra e un po' sirena, un po' strega e un po' nonnina, ma, in fondo al cuore, tutte rimpiansero di non averla saputo comprendere."

I palloncini della signora, in un certo modo, non appaiono essere dissimili, se non per la forma, dalle nuvolette di fumo di Zio Fred, che la piccola Elisabetta prova a inseguire e a raccogliere tra le mani vedendosele sfuggire ogni volta, mentre lei, giocosamente, continua a rincorrerle, inseguendo l'idea di un modo alternativo della vita, che, altrimenti, apparirebbe triste, per non dire insopportabile, mortalmente patetica.

"Ci stavo per ore con zio Fred, quello che andava e tornava dalle Indie, quello che fumava il sigaro con dentro un tabacco divino. Io lo aspiravo sempre quando mi prendeva in braccio. Zio Fred mi raccontava le storie degli elefanti che passeggiavano dentro gli alberghi ad Agra."

Lo zio Fred è un mito della piccola Elisabetta, un complice, un aiuto alla sua vita magra, insoddisfatta. Egli, come lei, vive, a sua volta, in una bolla che lo

rende tanto diverso dagli altri, leggero, affettuoso e
attento:

*"Si batte un pugno sulla fronte, e aspira forte il suo
tabacco e lo rimanda fuori dai polmoni con rabbia e
io, come una faìna, svelta e furba, lo aspiro tutto
quanto ad occhi chiusi. Mi sono talmente abituata
che non tossisco più. Quando a zio vengono gli occhi
lucidi, gli asciugo le lacrime col dorso della mano
che lui poi bacia mentre i suoi baffi mi pungono forte
la pelle."*

Nel corso dell'intera vicenda si incontrano e si in-
trecciano esempi di grandi amori e di prorompenti
passioni, in alcuni casi sconvolgenti, in altri dolci e
comprensibili, in altri ancora decisamente malati,
ibridi, stranieri di uno spirito del sentimento autentico assente o latente, forse calpestato o del tutto in-
compreso. Si veda il caso di Giacomino, un personaggio apparentemente minore, che, invece, tanta
parte del modo di essere del mondo e dell'umanità
riassume in sé.

*"La loro stanza confinava con la stanza grande del
fratello di nonna, zio Giacomo, anche lui tutto*

*biondo e celeste come nonna Malìna, anche lui
nobile del Campidoglio ma, al contrario della sacra
stirpe, era dedito alla malavita. A dividere lo
stanzone di Giacomo dalla camera matrimoniale
degli sposi, c'era soltanto una porticina laccata di
bianco, che Fofò chiudeva a chiave, nella speranza
di mettere una decente intimità tra le loro effusioni
coniugali e il rantolo di Giacomino. [...] Quella
coppia di sposi sfortunati finì col non toccarsi più.
Le volte che l'avevano fatto in silenzio, muovendosi
appena, per non richiamare la curiosità morbosa di
Giacomino, era andata tanto male da odiarsi l'un
l'altra."*

Non a caso, a causa di zio Giacomino, morto
all'improvviso e in maniera all'impatto inspiegabile,
nel romanzo si aprono alcune pagine da thriller, do-
vute al sospetto che sia stato assassinato tramite ve-
leno, motivo per cui si dà inizio alle indagini, che,
per la verità, lasciano fuori i familiari, in quanto di
nobile casato e di specchiata serietà:

*"La polizia indagava ancora sulle puttane della casa
di tolleranza ma non ritenne opportuno e fattivo in-
dagare sui familiari, visto che ognuno aveva un alibi
valido e un "pedigree" nobiliare e specchiato."*

Ma… a sospettarsi tra di loro, e con durezza, sono proprio quei familiari che la polizia non ha inserito tra gli indiziati, dopo una rapida e, per certi aspetti, generica rassegna. Ma così va ripetendo, come in una cantilena, nonna Malina, come parlando a se stessa, convinta che il colpevole dell'assassino del fratello fosse annidato in famiglia:

"Mi hanno avvelenato un fratello, mi vogliono costringere a mettermi in casa una cassiera di bar che ha circuito il mio povero figliolo e infine mi hanno fatto svenire fracassandomi una caviglia! Nemmeno i rosari e le novene potranno mai vincere il marcio che c'è dentro i miei parenti! Nessuno mi ama, non vogliono che la mia morte!"

Diverso, invece, è il delicato sentimento scoppiato all'improvviso, nel corso di una festa, complice un ballo, tra l'adolescente in erba Elisabetta e il giovane Eugenio. Un amore fatale, destinato a suscitare nella giovane ragazza uno spartiacque tra la vita e la non vita, tra il prima di Eugenio e dopo Eugenio, fino ai quattordici anni e il dopo, un dopo negato, un dopo solo subito:

"Il buon odore di Eugenio sapeva di luoghi e di esistenze felici fuori dalla vita ordinaria; risentii due volte, nel tempo senza di lui, quell'effluvio diffondersi avvolgendomi interamente: successe quando stavo per chiudere gli occhi sotto l'effetto dell'anestetico. Era la vita che mi prendeva dentro l'ampolla di eternità e mi conservava integra durante quelle piccole morti."

Il dopo di Eugenio, il ragazzo alto e lentigginoso, amico del fratello Manfredi, si traduce, dunque, in un non-vivere, in un vivere in catalessi, senza una vera voglia di esserci nel mondo. Elabora per se stessa – anche come conseguenza delle sue letture molto legate all'esistenzialismo e ai grandi scrittori esistenzialisti, in primis Albert Camus – il concetto di "finitude", lo vede molto combaciante con la sua complicata esistenza, che non ammette futuro se non guardando all'indietro, volta ai ricordi della vita che è già stata, e poi finita nel chiuso di una bolla, una ermetica corazza psichica a proteggerla dalle contaminazioni del tempo e dello spazio esterni, chiusa in un suo tempo e in un sua dimensione mentale, come un pulcino nell'uovo non ancora schiuso, per dare ancora senso alla vita:

"Cos'era stato? Uno sbaglio fatale o una dissennata coincidenza? Fatto sta che mostrai ad Eugenio un'indifferenza emotiva che lui interpretò per non amore, quando invece era figlia del mio mal di vivere. Tutto il resto, il nostro futuro costruito con

lacrime e sudore, è e sarà soltanto una povera larva che si contorce su se stessa senza vita, nella dimensione del nulla. "

A suo sostegno – dopo che la sua malattia le ha fatto crollare tutto intorno – finché gli sarà possibile, è l'amatissimo fratello Manfredi, il compagno di sempre, il fedele per assoluto, colui che, spesso, fin da bambina l'ha tirata fuori dalle sabbie mobili della sua strana malattia, dei suoi malumori, della sua impossibilità di conciliare con un mondo che non comprende e non la comprende. Manfredi, l'esuberante, il generoso, il comprensivo, l'eroe che libera dalle catene della schiavitù delle convenzioni, oserei dire l'emulo, nel suo piccolo, di quello che era stato il ruolo di Federico Secondo di Svevia nel precedente romanzo della stessa autrice "Zyz", pubblicato, nei mesi recenti, da Lulu edizioni. Aggiungo qui uno dei tanti passi dedicati nel libro al fratello, è quello in cui io trovo Elisabetta gioiosa quanto mai, immedesimata alle cose sublimi, e tra esse la bellezza del sentimento profondo che prova per Manfredi.

"Di Dunkerque ho mandato dentro me, in profondità, tutti gli odori che potessi raccogliere, a partire dalla salsedine del mare grigio-perla, delle sue onde alte che correvano sul pelo dell'acqua spruzzandomi sul viso delle gocce di freddo pungente, delle nebbie leggere del porto, delle muffe delle barche sul molo,

dei pesci sventrati e lavati sulle banchine, dei pesca-
tori riuniti la sera alle osterie, dove sempre Manfredi
mi accompagnava dopo essersi fatto pregare un bel
po'. Uscivo con Manfredi quando maman si recava a
far compere con le sue cugine. Amavamo gli stessi
angoli della città vecchia e passavamo molte ore ad
ammirare le case fiamminghe del borgo medievale."

E anche:

"Questo crescere tra parole e numeri con l'affetto di
Manfredi, mi salvò da morte sicura per mancanza di
libertà di movimento e d'amore."

Ma, come a conferma del suo stesso destino, e della
sua fede assoluta nel concetto di "finitude" = nulla è
per sempre se non nel rewind del tempo, vale a dire
nella fuga verso i ricordi del già stato, viene lasciata
sola anche da Manfredi, prima per alcuni suoi cambiamenti che lo tengono, sempre con maggior frequenza, lontano, infine per una morte precoce che gli
chiude, senza preavviso alcun, in faccia le porte del
tempo in modo irreversibile.

"Se avessi saputo, allora, che avrei perso Manfredi
per sempre, credo sarei morta all'istante. Ero
cresciuta senza padre e quel ragazzo più vecchio di

147

me di 12 anni, lo avevo visto come l'uomo di famiglia, quello che mi avrebbe fatto da apripista nella vita, fino alla nostra morte. E' stato un tradimento che lui se ne fosse andato tanto presto."

Non di minore importanza sono alcuni riferimenti storici alla Spedizione dei Mille, alla conquista sabauda e all'unificazione dell'ex Regno delle due Sicilie al neonato Regno d'Italia:

"La nostra terra, operosa fino al regno delle due Sicilie, venne depredata dai Sabaudi, in corso d'opera; la cosiddetta unità d'Italia. Il sud portò come dote di sposa "minori debiti e più grande ricchezza pubblica" del nord, come scriveva il Nitti. I partigiani del sud vennero accusati di brigantaggio e fucilati. Garibaldi come Hernan Cortés?"

Nella sintassi dell'autrice, impeccabile nel suo elegante procedere, entrano con frequenza armoniche incursioni della cadenza e del lessico siciliano, il che avviene, prevalentemente, in quei passaggi in cui la sintassi italiana da sola renderebbe meno nel confronto della narrazione di usi e di costumi bisognosi di essere accompagnati da un frasario e da un lessico propri dai quali sarebbe "irreligioso" prescindere. Alcuni esempi per tutti:

"Picciridda, tu sei proprio addormentata. Non hai nemmeno sette anni e parli di morire! Sei alta alta, ma il tuo cervello ha due anni! Vedrai quello che ti aspetta!"

e anche:

"Il giorno in cui acchiappai la polmonite doppia, maman, dal rimorso, fece un voto alla madonna addolorata, quella che la confraternita porta dietro la bara di vetro del Cristo morto. L'addolorata ha un pugnale conficcato nel cuore, segno che potrebbe morire da un momento all'altro per il gran dolore che le procura la morte del figlio."

Deliziosi sono i passaggi descrittivi di ambienti e di paesaggi, qui, per limiti di spazio, posso riportare solo qualche frammento, per il resto si rimanda all'attenzione del lettore:

"Questo pomeriggio è fatto di aroma di caffè e raggi di sole. Come al solito, ho preso un po' di sale e l'ho

149

cosparso sul davanzale della finestra della sala da pranzo. Mi arrivano i rumori della corte dove la musica messicana della zingara mi fa diventare malinconica. Guardo il corteo di nuvole bianchissime muoversi lentamente sul cielo di un azzurro acceso, radioso come non mai. Comincio a leccare piano piano il sale sul davanzale. Guardare le nuvole che cambiano forma è un bel gioco. Leccare il sale anche. Immagino che questo corteo di nuvole sia l'insieme delle anime di chi ha perso la vita in questi giorni. Nonno Vici è quello della nuvola grande a forma di cuore, quella che poi si allunga e si stringe, fino a diventare una lunga striscia bianca colma di luce dorata."

e ancora:

"L'indomani pioveva, il cielo non aveva luce ma soltanto un riflesso d'acciaio sulle tegole rotte che correvano a precipizio da un tetto all'altro dei tre palazzi nobili, in fila, sul lato dell'ospedale delle bambole, in via del Mirto, 61. Tutto era compatto, non friabile né soave. Nessuna leggerezza nell'anima e nessuna leggerezza nel creato intorno a noi. Tutto fermo, tutto silente."

Sosto, in atteggiamento mistico, raccolto – come Elisabetta nella sua bolla – di fronte a tanta scioltezza espressiva, carica di sensibilità visiva, auditiva e percettiva in genere. C'è tanta poesia nella prosa di Lin, suona allo stesso modo di versi ben architettati. È una narrazione lirica in cui scrittore e cose diventano cosa unica, si consustanziano, diventano trinitari nella estrema sintesi dello spirito che aleggia sul tutto. Quello della scrittrice è un modo del veicolare il linguaggio a mezzo tra il Verga delle Novelle e il Pavese di Paesi tuoi e La luna e i Falò: la parola, che sempre coglie la sostanza di se stessa, mentre divora se stessa, si libera dal senso comune del comunicare, si fa carne, mentre la si sente palpitare in maniera potente, viva, in dettagli, in ricami di concetti, in sensazioni visive, auditive, gustative, emozionali e passionali, che fanno dell'autrice stessa, espropriata ella stessa dalla parola, cosa tra le cose.

Si noti entrando nel vivo dell'opera che Lin Schiavo Pontalto, nell'impostazione narrativa del racconto, costruisce due diversi piani temporali, consecutivi, meglio dire tra loro paralleli, il piano della scrittura corrente e quello della scrittura in corsivo: nel primo il tempo è il presente ove l'autrice inserisce sue considerazioni sul tempo che fu; nel secondo il tempo è il passato, vale a dire il tempo contemporaneo agli eventi trattati.

In chiusura di questo mio viaggio nel romanzo mi chiedo: – Non sarà stata la strana malattia di Elisabetta a farle il dono di farla vivere eternamente in una bolla, evitandole il dramma di sperare in un futuro che nulla di infinito ed eterno può dare? –

"... non è vita vissuta ma esistenza portata avanti a dispetto della finitude, quella fottuta limitatezza, che ci fa diventare eroi del Nulla"

Il messaggio, dunque, dell'autrice, è che una via verso la salvezza, verso la preservazione del proprio tempo e del proprio spazio, verso l'eternità, esiste, è difficile da individuare, da comprendere e da realizzare, ma concretamente esiste, basta cercarla. Ma essa è per pochi eletti, è per gli eroi, spesso invisibili, che danno anima ai luoghi della solitudine.

Antonio Pellegrino

Indice

Antonio Pellegrino

Le mie Nuove Prefazioni

Lulu Edizioni
Finito di stampare
11 agosto 2019